LA VIE
DU PAPE
CLÉMENT XIV,
(GANGANELLI.)

PAR M. CARRACCIOLI.

In tempore iracundiæ factus est Reconciliatio.
Eccli. cap. 44. v. 17.

A PARIS,

Chez la veuve DESAINT, Libraire, rue du Foin Saint-Jacques.

M DCC LXXVI.

PRÉFACE.

CE n'eſt point ici la Vie d'un Pape qui n'eut d'autre éclat que la prééminence de ſon rang & de ſes vertus, mais la Vie d'un Pontife qui par les ſinguliers & mémorables événemens dont ſon regne fut accompagné, tient à tous les Empires & à tous les ſiecles à venir

C'eſt l'Hiſtoire de GANGANELLI.

Si la maniere dont je la préſente au Public ne ſe reſſent ni du trouble, ni de la fermentation que des révolutions arrivées ſous ſon Pontificat exciterent dans les eſprits, c'eſt qu'un Hiſtorien ne doit point être homme de parti.

J'ai oublié le ſiécle préſent, pour mettre ſous les yeux de mes lecteurs le regne de Clément XIV & les ſecouſſes dont il fut agité, me tranſportant dans ces âges lointains où Ganganelli, ſans égard aux paſſions, aux intérêts, aux préjugés, ſera jugé tel qu'il étoit. Il n'y a pas un meilleur coup d'œil, que celui de la poſtérité.

Si j'ai pour contradicteurs des hommes qui s'imaginent qu'on ne doit parler d'eux que pour les louer, ou des gens qui ne ſont ſatisfaits que lorſqu'on déchire leurs adverſaires, je me contenterai de les plaindre, & je croirai avoir ſagement écri. L'Hiſtoire ne connoît ni la ſatyre, ni l'adulation.

J'ai compoſé cet ouvrage avec le plus parfait déſintéreſſement, ſur les récits des perſonnes ſûres, qui n'avoient nul intérêt de me tromper, & je n'ai pas avancé un ſeul fait important, ſur lequel je n'aie conſulté des témoins oculaires & irréprochables.

Outre que j'ai eu l'avantage de connoître Clément XIV lorſqu'il étoit Cardinal, & d'apprendre par moi-même étant à Rome & à Rimini, les actions qui concernent son enfance, son éducation, une partie de sa Vie; j'ai reçu d'Italie les Anecdotes que je desirois sur son Pontificat, par le canal des personnes les mieux instruites & les plus vraies.

J'ai poussé l'attention plus loin. J'ai lu l'Ouvrage à des Religieux de son Ordre, & à des Prélats qui l'avoient particuliérement connu; & d'après leurs avis, j'ai ajouté, ou retranché, ne voulant être que l'écho de la vérité.

Il en résulte que Ganganelli doit réunir le suffrage de tous les hommes, excepté de quelques illuminés qui ne sont faits ni pour écrire l'Histoire, ni pour la lire. Je le vois à la suite d'une multitude de Pontifes presque tous jaloux de leurs priviléges, se dépouiller de toute prévention, pour rapprocher les Souverains du Trone Pontifical, & pour donner l'Exemple à l'univers du plus parfait désintéressement, & de la plus profonde humilité.

Si je me hâte de faire paroître cet Ouvrage, c'est que tout événement qui a plus de six mois de date, n'est plus intéressant parmi nous, & que le véritable moment de lire la Vie de Clément XIV, est précisement celui où le Conclave vient de rendre justice à la sagesse de son discernement, en élevant une de ses créatures sur la Chaire de Saint Pierre (le Cardinal *Braschi*,) dont chacun exalte les vertus.

En donnant cette Vie au Public, je m'acquitte envers l'immortel Ganganelli. Je devois cet hommage à sa mémoire, comme ayant été encouragé par lui-même à faire paroître l'éloge de Benoît XIV, & comme ayant reçu des marques de son affection au sujet des *Caractères de l'Amitié*, & de la *Conversation avec soi-même*, qu'il daigna lire jusqu'à deux fois.

Je n'occuperai point le Public de

moi-même en affectant un ſtile recherché : un Hiſtorien doit diſparoitre, pour ne préſenter que ſon ſujet, & la vérité n'a beſoin que de ſes naïves couleurs pour plaire & intéreſſer.

Si les autorités ſur leſquelles cet Ouvrage eſt appuyé, ne paroiſſent pas ſuffiſantes pour convaincre un Lecteur, déchirons les Hiſtoires & ne croyons plus aucun fait.

LA VIE DU PAPE CLÉMENT XIV.

QUI auroit dit en 1705, que Jean-Vincent-Antoine Ganganelli, naiſſant au Bourg de Saint-Archangelo, près Rimini, fils d'un Médecin, deviendroit Souverain Pontife dans les temps les plus critiques, & les plus orageux; que tous les Princes Catholiques applaudiroient à ſon exaltation; que Religieux de Saint François, il anéantiroit l'Ordre de Saint Ignace, le plus puiſſant & le plus accrédité! Qui l'auroit dit, eût certainement paſſé pour l'homme le plus chimérique; mais quand la Providence a déterminé quelqu'événement, les circonſtances, les révolutions, les obſtacles même, tout s'arrange pour l'accompliſſement de ſes deſſeins.

Il étoit écrit dans les décrets éternels, qu'un autre Sixte-Quint, dans le cours du dix-huitiéme ſiécle, occuperoit la Chaire de

Saint Pierre, que plus intrépide, & peut-être auſſi politique que le premier, il étonneroit l'univers par l'exécution d'une choſe qu'on jugeoit prêſqu'impoſſible.

Ganganelli dès ſa plus tendre enfance s'élevant au-deſſus de ſon âge & de ſa famille, fit entrevoir une ame créée pour de grandes choſes. On le voyoit s'élancer par la pénétration de ſon eſprit hors de la petite ſphere, où un pays ſans reſſource le tenoit concentré. Il lui ſembloit que ſes camarades étoient trop vulgaires pour l'amuſer, & quoique toujours gai & toujours actif, il aimoit mieux reſter ſeul que de les fréquenter.

Nous craignons, diſoient ſes parens; *qu'il ne ſoit ſingulier ou glorieux. Il ne prend aucune part à ce qui affecte les enfans: mais ce qui nous conſole, c'eſt qu'il a toujours un Livre à la main.*

S'il fût né dans des ſiécles antérieurs, ſa naiſſance, au rapport des Hiſtoriens, n'eût pas manqué d'être annoncé par quelque comete, ou par quelque météore; mais on ne vit point d'autre lumiere que lui-même, le vrai ſigne auquel on reconnoît les grands hommes.

Il fit ſes premieres études à Rimini, & ceux qui prirent ſoin de ſon éducation eurent de fréquentes occaſions de l'admirer. On voyoit un Diſciple qui promettoit de devenir un grand Maître, & l'on s'applaudiſſoit de lui donner des leçons, comme d'une honorable fonction. *Il ne me laiſſe pas le temps de lui faire des queſtions, tant il eſt prompt à me prévenir*, diſoit un Curé qui l'avoit pris en affection. La langue Latine fit bientôt ſes délices. Il s'eſſayoit à la parler avec tous ceux qui vouloient lui répondre.

Il avoit douze ans quand il adreſſa à l'Evêque de Rimini un compliment de ſa compoſition. Le Prélat en fut ravi, & ne ceſſoit de répéter: *Voilà un enfant qui ſervira quelque jour utilement la Religion.* S'il n'y a gueres de grands perſonnages dont on ne rapporte de pareils traits, c'eſt que les ames ſublimes ne s'annoncent pas comme le reſte des hommes.

Une étude trop opiniâtre penſa précipiter au tombeau celui qui donnoit de ſi brillantes eſpérances, & il n'y eut qu'un topique appliqué à propos qui lui rendit la vie. *Ma plus grande peine*, dit-il en revenant à lui-même, *étoit de mourir ſans avoir vu Rome.* Il ne prévoyoit pas alors qu'il en ſeroit un jour le Maître, & qu'il y recevroit les hommages de toute la Chrétienneté.

Il eut occaſion de voir un Religieux Conventuel, qu'on nomme en France Cordelier, dont la converſation autant lumineuſe qu'édifiante intéreſſoit vivement, & ce fut peut-être cette entrevue qui le détermina à embraſſer la Regle de Saint François. Souvent la plus legere circonſtance décide de notre vocation.

Il ne pensa plus qu'à quitter son lieu natal, dès que la Providence lui en fourniroit les moyens. On eût dit qu'il éprouvoit dès-lors ces tourmens de génie qui agitent les grands hommes jusqu'à ce qu'ils soient placés dans leur centre.

Qu'y a-t-il de commun, pouvoit-il dire, entre le Village d'Arcangelo & une ame telle que la mienne? C'est une terre trop ingrate pour échauffer mon esprit & pour les développer.

Cependant, il y acquit un protecteur dans la personne d'un Gentilhomme riche & éclairé, qui le prit dans la plus grande amitié. Outre qu'il lui offrit sa Bibliotheque, il lui procura souvent l'occasion de connoitre la bonne société. Les études selon le Cardinal Paléotti, ont bésoin d'être civilisées par le commerce des hommes aimables & polis.

On conseilloit vivement au jeune Ganganelli d'embrasser l'état Ecclésiastique, & de renoncer au projet qu'il avoit formé de se faire Religieux; lorsqu'il répondit d'un air enjoué: *Si c'est la piété qui vous fait parler, vous conviendrez qu'elle brille éminemment chez les Disciples de Saint François où je veux me retirer, si c'est l'ambition, où peut-elle être mieux que dans un Ordre qui fit la fortune de Sixte-Quatre & de Sixte-Quint?*

Ses amis comme ses parens, ayant épuisé leurs larmes & leurs représentations, il partit pour Urbino à dessein d'entrer au noviciat : il avoit alors dix-huit ans, & des lumieres qui le mettoient à l'abri d'une démarche inconsidérée.

Son début dans le Cloître lui gagna tous les cœurs. Il y parut avec cette sainte liberté qui caractérise les enfans de Dieu, & il y porta cet air de candeur & de gaieté qui dénote une ame sans nuage & sans feinte. C'est alors qu'il prit les noms de *François-Laurent.*

Toujours ami de ses devoirs, toûjours ennemi de la dévotion minutieuse, il servit Dieu comme un pere qu'on aime, & non comme un maître qu'on redoute.

L'état de Novice ne le gêna pas plus que celui de Profés : *Je ne suis jamais plus libre*, disoit-il souvent, *que lorsque j'ai des obligations à remplir, parce que je me fais un plaisir de tout ce que je dois faire.*

Il s'accoutuma de bonne-heure à ne répondre jamais qu'avec justesse & précision : *Ses reparties sont vives*, disoient quelquefois ses Supérieurs ; *mais il y met tant de raison, qu'on ne peut s'en offenser*

On le fit passer successivement à Pesaro, à Recanati, à Fano & à Rome même, pour y étudier la Philosophie & la Théologie, & il s'appliqua à cette double Science, avec la différence qu'on doit mettre entre ce qui éleve l'ame, & ce qui amuse l'esprit. Lorsque d'écolier, il devint maître, il enseigna le

Scotisme tel qu'il eſt, mais en ajoutant des réflexions qui en combattoient les opinions ou qui en faiſoient voir la ſingularité. Ses Diſciples l'admiroient autant qu'ils l'amoient. Il leur inſpiroient des penſées ſublimes, les dégageant de tout ce qui s'appelle *Moinerie*.

Jamais on ne l'entendit ſe plaindre, jamais on ne le vit cabaler. Etranger aux intrigues du Cloître, comme aux affaires du ſiècle, il n'aimoit qu'à ſe renfermer dans ſes devoirs. Son humilité le garantit toujours de l'ambition; les promotions qui ſe faiſoient dans ſon Ordre au tems des élections, ne l'intèreſſoient nullement: *Peu m'importe*, diſoit-il, *que les Superieurs changent, puiſque la Regle ne doit jamais varier*. Elle fut toujours ſa bouſſole, & c'étoit le vrai moyen de gouter la ſolitude & de connoître le bonheur.

D'ailleurs, il ſuffit de chérir l'étude, pour ne prendre aucune part aux diverſes factions qui n'agitent que trop ſouvent les Communautés; & l'on ſait que l'amour de la Science fut toujours en vigueur parmi les Freres Mineurs. Soit qu'on les enviſage comme Conventuels, ſoit qu'on les conſidere comme Obſervantins, c'eſt-à-dire, comme poſſédant des biens, ou comme n'en poſſédant pas; on le vit conſtamment depuis Saint Bonaventure juſqu'à nous, s'ouvrir une route lumineuſe dans la carriere des Sciences.

La pourpre Romaine, le Souverain Pontificat même, dont ils furent ſouvent décorés, dépoſent en faveur de leurs talens.

Les Cordeliers, ſelon le Dictionnaire *Encyclopédique*, dont le témoignage n'eſt pas ſuſpect, *eurent de grands Hommes dans tous les temps, & ils ſe diſtinguent aujourd'hui plus que jamais par la vertu & par le ſavoir.*

Ganganelli ne pouvoit manquer d'en augmenter le nombre, lui dont le genie vaſte & facile embraſſoit tous les objets, & s'en faiſoit un jeu. Aſcoli, Bologne, Milan ſe rappellent avec j'oie, le temps ou il enſeigna la Philoſophie & la Théologie dans leur enceinte, comme une époque qui les illuſtre & qui les éclaira.

S'il meubloit alors ſon intelligence des connoiſſances les plus exquiſes & les plus ſublimes, il communiquoit ſon eſprit à une multitude d'Eléves qui perpétuent ſa mémoire & qui la chériſſent.

On Jugea que le ſéjour des Provinces ne ſuffiſoit point à ſon mérite & ſes Supérieurs s'empreſſerent de le rappeller à Rome pour demeurer au Couvent des Saints Apôtres, & pour profeſſer la Théologie au Collége de Saint Bonaventure, fondé par Sixte-Quint: il avoit alors trente-cinq ans. Il remplit cette place non comme un perſonnage décoré des honneurs du Doctorat; mais comme un homme docte dont l'enſeignement répandoit le plus grand jour ſur les matieres les plus obſcures.

Je parlerois ici des Theſes qu'il fit ſoutenir avec éclat, ſi le ſiecle n'avoit pris en averſion tout ce qui tient à la Scholaſtique : un ſtyle précis & nerveux : un Latin Cicéronien, une Théologie pure, comme la ſource dont elle émane, annonçoient au Public ſon rare talent pour former des Docteurs. On en trouve dans preſque toutes les Villes d'Italie, qui lui doivent leur réputation & leur ſuccès. En réfléchiſſant ſur eux ſa ſcience & ſon génie, il en faiſoit des hommes lumineux, capables d'enſeigner avec le plus grand éclat. Quoiqu'il fût ſur le plus brillant théâtre du monde, aſſocié par ſon rang comme par ſon mérite à la premiere Univerſité, il ne chercha que l'ombre du Cloître : & il n'aima qu'à vivre ignoré.

Cependant ſes talens le déceloient malgré lui, & s'il ne devint pas Général de ſon Ordre, c'eſt qu'il s'obſtina toujours à refuſer cette dignité : Je vous conjure de n'être point pour moi, diſoit-il aux Religieux François, qui dans les différens Chapitres vouloient lui donner leur voix, mais d'être toujours conſtamment mes amis : *non ſitis pro me, ſed ſitis mihi :* il craignoit ſans doute que la place de Général ne l'arrachât à ſes livres ; & comme il étoit extrêmement aſſidu au chœur, il ajoutoit : *Si vous me mettez en place, je n'y paroîtrai plus :* mais comme il étoit univerſellement eſtimé & chéri, il enlevoit les ſuffrages pour ceux qu'il croyoit les plus capables de gouverner ; on s'en rapportoit aveuglément à sa décision. Le pere Colombini lui dut la gloire d'être Général, & il se faisoit honneur de le publier. Quelques entretiens familiers, quelques lectures amusantes, quelques promenades solitaires lui rendoient l'élasticité dont il avoit besoin, quand il se sentoit épuisé par le travail. Il alloit de temps en temps converser avec lui même dans le jardin des Capucins ; & c'est là, si l'on doit ajouter foi à une tradition populaire, & donner dans le merveilleux, qu'un certain Frere George de Viterbe, mort depuis quelque temps en odeur de sainteté, se jettant à ses pieds pour lui demander sa bénédiction, lui dit, *C'est à raison de ce que vous serez un jour, que je vous supplie de me bénir : car vous deviendrez Pape, & après avoir regné autant de temps que Sixte-Quint, vous mourrez d'une mort violente, & vous n'ouvrirez point la Porte sainte.*

Cela pourroit être, mais il est plus certain qu'on prit plaisir dans tous les temps à charger la vie des grands hommes des traits singuliers, comme si leur mérite n'étoit pas un titre suffisant pour les faire valoir aux yeux de leurs contemporains & de la postérité.

Quoique Ganganelli s'éfforçat de mettre une barriere entre le public & lui, sa cellule étoit le fréquent rendez-vous des Savans, des Princes, des Cardinaux : car il faut dire à la gloire des Romains, qu'ils vont chercher le mérite par-tout où il eſt, & que les *Grandeurs*, comme *les Eminences-mêmes* s'abaiſſent ſans héſiter, quand il s'agit d'honorer la ſcience & la vertu.

Il n'y a point de Religieux dans Rome, pour peu qu'il ſoit célebre, qui ne reçoive de temps en temps la viſite affectueuſe de quelque Cardinal, & c'eſt à cette diſtinction qu'on doit la noble émulation qui anime en Italie les diverſes Communautés. *Les Ordres Religieux n'ont dégénéré dans la plus part du royaume*; diſoit Benoit XIV au Cardinal de la Rochefoucault, *que parce qu'on les avilit au lieu de les faire valoir; quand on ſaura décorer des honneurs de l'Epiſcopat ceux qui ſe diſtinguent par la ſcience & par la piété, on trouvera dans les cloîtres des hommes pleins de talens & de vertus.*

Ce fut ſous le regne de ce Pape immortel, que Ganganelli devint Conſulteur du Saint-Office, place importante à Rome, qui exige beaucoup de connoiſſance, lorſqu'on la remplit avec diſtinction & qui donnoit un luſtre encore bien plus éclatant, lorſqu'on la devoit au choix du grand Lambertini.

On ſait communément que la Congrégation du Saint-Office, composée de douze Cardinaux, de pluſieurs Prélats & de quelques Théologiens Religieux qui prennent le titre de Conſulteurs, juge des matieres d'inquisitions & d'hérésie, quoique l'inquisition dans Rome soit depuis long-temps un Tribunal presque sans vigueur. Les Papes pour ne pas s'écarter de la modération évangelique, ferment les yeux sur les délits qui n'ont souvent d'autres principes que l'étourderie & le préjugé, mais qu'on punissoit jadis du dernier supplice en Espagne & en Portugal. Aussi peut-on dire avec vérité, que la ville où l'on est le moins inquiété pour les affaires de religion, est la Capitale du monde Chrétien : on y respire cette douceur, cette paix dont le suprême Legislateur nous donna l'exemple, & l'on n'y connoit que la voie de la persuasion.

La confiance qu'on avoit dans les lumieres de Gauganelli, l'appliqua souvent à des études qui n'avoient nul rapport avec ses emplois : il lui fallut approfondir les questions qu'on traite dans les diverses Congrégations, telles que celles du *Concile*, de *l'Index*, des *Rites*, du *Gouvernement de l'église*, de *l'examen des Evêques* : Et pour ne pas donner des décisions au hazard : *Je crains tellement de me tromper*, disoit-il, *que j'emploie trois jours à ce qui n'en exigeroit qu'un, quand on me demande un avis important*. Le matin le surprit plus d'une foi la plume à la main, lorsqu'il croyoit encore n'être qu'au milieu de la nuit, & sur tout lorsqu'on l'appliqua à la correction des Livres orientaux.

Tout autre que lui eut ſuccombé ſous un pareil travail, & au lieu de prendre du relache de temps en temps, il faiſoit ſa récréation de l'étude du Droit du Canon, ſcience qu'on ignore communement en France, qu'on connoît en Allemagne, qu'on approfondit en Italie, & qui eſt d'autant plus néceſſaire quelle embraſſe une multitude d'objets relatifs à la Religion & aux Gouvernemens. On ſait que c'eſt la Juriſprudence écléſiaſtique, composée des Décrets des Conciles, des Papes, & des maximes des Peres. Le Moine Gratien, en ramaſſant tout ce qui ſe rapporte à ces objets, en fit un Recueil mémorable qu'il publia en 1155.

Benoît XIV s'étonnoit avec raiſon de ce qu'il n'y avoit point d'Ecole à Paris, où l'on put s'inſtruire à fond du Droit cononique, & en cela il penſoit comme le Chancellier d'Agueſſeau. Ce ſavant Magiſtrat, diſoit un jour au Supérieur Général d'une Congrégation reſpectable : *Nous avons aſſez des Théologiens, mais il nous manque des Canoniſtes, & ſi vous voulez rapprocher de vous les Evêques qui ſont éloignés, établiſſez pour vos jeunes Gens une étude de Droit Canon; on aura beſoin d'eux, & l'on viendra vous conſulter.*

Benoît XIV, encore plus Canoniſte que Théologien, appelloit ſouvent le Pere Ganganelli pour avoir ſon avis; *Il joint*, obſervoit-il, servoit-il, *une mémoire immense à une vaste érudition ; & ce qui fait plaisir, c'est qu'il est mille fois plus modeste qu'un homme qui ne sait rien, & qu'on croiroit qu'il n'a jamais gardé la retraite, tant il est gai.* C'étoit le moyen de plaire à Lambertini, dont l'enjouement fut toujours si vif, que malgré les inquiétudes, les affaires, la dignité même de Souverain Pontife, il n'arrêta jamais le cours de ses bons mots : son esprit toujours à lui-même payoit argent comptant tous ceux qui l'approchoient, Il se délassoit par une saillie, du travail le plus sérieux.

Quand au Pere Ganganelli, on se persuadera facilement que livré à des études aussi profondes, il n'avoit pas de goût pour la direction. Il en donne lui-même la preuve dans une lettre qu'il écrivit à des Religieuses qui le persécutoient pour qu'il prit soin de leur conscience. Il pouvoit y avoir de la vanité dans leur démarche. Plus d'une fois des Personnes consulterent, moins leur besoin que leur amour propre ; pour s'attacher un Directeur dont le nom étoit célebre. On est assez foible pour croire que la réputation d'un homme à talent rejaillit sur ceux qu'il dirige, & pour se persuader qu'en lui découvrant des défauts, on participe à ses vertus.

Le refus du Pere Ganganelli étoit conçu en ces termes : » Je n'ai Mesdames & Révé-
» rendes Meres, aucunes des qualités requises

» pour vous diriger. Toujours vif, quelquefois brusque, souvent distrait, sans cesse occuppé, je n'aurois ni le temps, ni la patience de vous écouter. Détachez-vous donc de moi-même, je vous supplie, où je finirai pour vous faire une confession générale de mes imperfections, qui vous convaincra que je ne suis pas le guide dont vous avez besoin. Le Cardinal Vicaire connoit des ames célestes qui auront la patience angélique de péser gravement vos fautes les plus légeres, & c'est à lui qu'il faut vous adresser.

» Si vous n'aimez que Dieu, vous penserez que votre Régle est votre meilleur Directeur, que votre piété ne sera pure, que lorsqu'elle n'aura plus d'affection sensible, & qu'une ame vraiment religieuse, n'est ni à Céphas, ni à Apollos, mais à Christ.

Quelque-temps après cette lettre, il écrivit à l'Evêque de Pérouse, son ami, & il finissoit par lui dire : » Enfin les Religieuses, peut-être après vingt lettres qu'elles m'ont adressées, m'ont laissé tranquille. Jamais elles ne se seroient avisées de troubler mon repos, si elles savoient combien j'aime ma cellule, mes livres & mon travail. *Si jamais je les abandonne, je cesserai d'être heureux.* J'ai assez évalué les biens de ce monde pour savoir qu'il n'en est pas de plus grand que

» d'habiter avec Dieu, & avec soi-même. » Vous me demandez ce que je fais ; je » pense & je considere les pensées que je fais » éclore, comme une petite famille qui m'ap- » partient, & qui me tient compagnie. On » n'est seul que lorsqu'on s'isole de soi-même, » pour se répandre dans la société. Je n'aime » ni le fracas, ni la misantropie. Je rirois » plutôt seul, que de m'attrister «. Cela a été traduit sur les Lettres originales que le Prélat Cérati me remit lui-même en main en 1756.

Le Pere Ganganelli allant un jour à Assise recueillir l'esprit de son Fondateur, qui naquit & mourut dans ce lieu, rencontra un Paysant dont il fit sa compagnie pendant plus d'une heure. Il marchoit bonnement tous deux ensemble, lorsque le Paysant après l'avoir entendu parler, lui dit, *c'est dommage que vous ne soyez qu'un Frere Convers* (il jugeoit de lui par son extérieur mal-propre & négligé), *car il me paroît, mon Frere, que si vous aviez étudié, vous pourriez bien être comme Sixte-Quint. J'avons son portrait chez nous, & je trouve que vous avez son air rusé.*

L'idée de Sixte est tellement imprimée chez les Italiens, qu'il n'y a pas jusqu'aux Gens de la campagne qui en parlent fréquemment ; & les enfans même du peuple ne voudroient pas renoncer pour tout l'or possible à la Papauté, parce qu'on ne cesse de leur inculquer que Sixte-Quint fut élevé du sein de la poussiere au souverain Pontificat.

M. de Montesquieu, qui connut si bien les loix & les hommes, disoit à ce sujet, *que les Romains modernes ont encore le germe du génie des Anciens, & que si on leur donnoit une heureuse secousse, on en feroit des grands hommes.*

Il est étonnant qu'un Ecrivain célebre, après avoir déclamé avec la plus grande force contre la folie des Guerres & la fureur des combats, tourne en ridicule les nouveaux Romains, parce qu'au lieu de casques & de sabres, ils ont de Bréviaires & des Mîtres : comme s'il n'y avoit pas d'autres voies que celles des armes pour acquérir de la gloire ; mais les plus beaux génies sont souvent inconséquens.

Je voudrois bien savoir si un Sixte-Quint, si un Clément XIV, ne se sont pas autant illustrés que des ravageurs de Provinces, & si la maniere dont ils gouvernerent leurs Etats, ne vaut pas bien la manie d'un Carles XII, qui quitta les siens pour vexer des nations étrangeres, & pour s'ensévelir avec elles dans les horreurs du trépas.

La magnanimité consiste dans la grandeur d'ame, & celle des Souverains dans l'art de rendre les peuples heureux.

Il étoit temps que les honneurs vinssent chercher

chercher Ganganelli, ou plutôt l'inveſtir: car il falloit qu'ils lui fiſſent violence, pour qu'il les acceptât. Des appréciateurs du vrai mérite voulant augmenter la gloire du Sacré College (le Corps le plus féconds en grands hommes) le propoſerent à Clément XIII, Pape plein de bonnes intentions: *C'eſt*, lui dirent-ils, *le Religieux le plus humble, le plus ſavant, le plus laborieux, & c'eſt honorer la Pourpre Romaine, que de l'en décorer.*

Le Souverain Pontife n'eut pas de peine à ſe déterminer. Outre que c'étoit lui faire la cour que de lui propoſer de dignes ſujets, il connoiſſoit par lui-même & par les notes favorables de Bénoît XIV, ſon prédéceſſeur, le Conſulteur du Saint-Office, *Ganganelli.*

Ce fut le neveu du Pape, Rezzonico, connu ſous le nom de Cardinal *Patron*, qui l'envoya chercher au Couvent des Saints-Apôtres, & qui, après lui avoir demandé ſi ſon travail étoit en regle, s'il n'avoit rien à ſe reprocher, lui déclara d'une maniere propre à l'intimider, » qu'on avoit dit au Saint Pere » bien des choſes ſur ſon compte; qu'il » héſitoit de lui intimer les ordres de ſa Sainteté, dans la crainte de lui cauſer une » trop grande révolution; que cependant il » ne pouvoit s'empêcher de lui apprendre » que dès l'inſtant même le Pape vouloit » abſolument.... mais abſolument.... qu'il » fut Cardinal «.

Le dénouément de cette ſuſpenſion à laquelle Ganganelli ne s'attendoit pas, & qui lui faiſoit croire, comme il l'a dit pluſieurs fois, qu'on avoit indiſpoſé le S. Pere contre lui, fut un coup de maſſue qui parut l'atterrer. Il tomba aux pieds du Cardinal, & il lui dit tout étonné ; *Ce n'eſt point une fauſſe humilité qui m'engage à vous déclarer que je ne mérite nullement cette honneur, mais la conviction que j'ai de mon néant & de mes imperfections. J'oſe vous proteſter*, ajouta-t-il, *que cette promotion ne fera point d'honneur à ſa Sainteté, qu'elle troublera mon repos par les envieux qu'elle me ſuſcitera, & que ſi le Pape veut honorer l'Ordre de la Pourpre, il y a plus de dix ſujets dans le Couvent que j'habite, qui méritent à tous égards, beaucoup mieux que moi, cette ſinguliere faveur.*

Quand le Cardinal lui eut, répondu que le Saint Pere avoit prévu ſon refus, & qu'il lui ordonnoit ſous peine de déſobéiſſance de ſe ſoumettre à ſes volontés, il n'y eut plus moyen de réſiſter, & l'Eminentiſſime Ganganelli confus de ſon élévation, vint apprendre, preſque en tremblant, cette nouvelle à ſes Confreres : *Sa Sainteté, me nomme Cardinal*, leur dit, *mais ne vous effarouchez point à la vue de cette dignité. Je vivrai toujours au milieu de vous, comme un d'entre vous, toujours votre ſerviteur, toujours votre ami, ne vous laiſſant jamais apperçevoir que j'ai changé d'état.*

Je tiens ce récit de lui-même : ce fut en 1760, que lui faiſant une viſite au Couvent des Saints Apôtres, il me raconta l'hiſtoire de ſa promotion ; & ç'avoit été le 24 Septembre 1759, qu'il étoit devenu membre du Sacré College.

Il tint parole à ſes Confreres, & s'il employa chaque année les vingt mille livres que le Pape donne aux Cardinaux Religieux, pour ſoutenir le titre d'Eminence, il n'en fut ni moins pauvre, ni moins modeſte. Il ne quitta ſa cellule pour prendre un appartement au premier dortoir, que parce qu'il ſe vit obligé de recevoir ſouvent de viſites d'éclat : *Il m'eſt impoſſible de voir le Cardinal Ganganelli*, diſoit un Milord qui le viſitoit fréquemment : *Je ne trouve jamais en lui qu'un Religieux rempli d'humilité.*

Bientôt les viſites de cérémonies, les conſultations, les fonctions cardinaliſtes vinrent troubler ſa chere ſolitude ; mais il économiſa toujours ſon temps de maniere à pouvoir étudier : *La nuit eſt une bonne amie ſur laquelle je compte*, diſoit-il, lorſqu'on l'avoit diſtrait pendant la journée, *elle réparera le dommage qu'on m'a cauſé, en me faiſant part de ſes heures & de ſon ſilence pour travailler tout à mon aiſe.*

On prétend qu'un Général d'Ordre étant

venu le visiter, & ayant laissé sur sa table un billet de quatre mille écus Romains, payables à vue, il le lui renvoya sur-le-Champ, en lui marquant expressément qu'il ne connoissoit d'autres richesses que la pauvreté; que d'ailleurs il seroit obligé d'avoir de la reconnoissance, & qu'il ne vouloit contracter aucun engagement.

Il est facile de voir par la maniere dont je rapporte ce fait, que je n'ai point assez de preuves pour le garantir ou pour l'infirmer. *Quand on est véridique*, disoit le célebre Muratori, *on fait douter.*

Les diverses Congrégations qui se tiennent à Rome successivement ne faisoient que répéter les décisions du Cardinal Ganganelli; il en étoit l'ame & le flambeau; il y parloit avec autant de clarté que d'érudition, comme un homme qui avoit fait une ample provision de connoissances & d'idées, qui avoit des principes.

Son savoir ne se bornoit pas à la Théologie & au Droit Canon, les Belles-Lettres, la Politique, la bonne Philosophie, le mettoient au niveau de son siécle & des hommes les plus éclairés. Jusques dans ses récréations mêmes il s'avoit s'instruire; tantôt en interrogeant les Artistes, tantôt en parcourant des livres capables d'orner l'esprit. J'apperçus un jour sur sa table les ouvrages périodiques qui s'impriment à Paris, le Mercure de France; l'Année Littéraire, les Affiches de Provinces, & il me dit à ce ſujet : *Ces productions que je goûte infiniment, m'apprennent à connoître la littérature Françoiſe, que je trouve beaucoup moins brillante que la nôtre, mais bien plus conciſe & bien plus ſolide.*

Son eſprit faiſoit des fréquentes excurſions dans les Pays Etrangers, pour ſe repréſenter le génie, les uſages, les mœurs des Nations : il ſavoit parler avec un Anglois, comme un homme qui auroit habité Londres ; avec un François, comme un Voyageur qui auroit vu Paris, avec un Ruſſe, comme un Curieux qui auroit ſcrupuleuſement examiné Petersbourg & Moſcou. Le grand homme eſt Citoyen du monde.

Rome fut toujours remplie de perſonnages célebres, dont les connoiſſances s'étendent au-delà des Empires, & n'ont d'autres bornes que celles de l'eſprit humain. C'eſt le centre de l'Italie où l'on vient aboutir, quand on veut ſe former ou ſe perfectionner ; on y étudie les hommes, leurs mœurs, leurs uſages, leurs loix ; on y voit diſtinctement le tableau des Cours & des Nations, ainſi que les reſſorts qui les font agir. Le concours des Etrangers que la Religion ou la curioſité y attire de toutes parts, y développe des paſſions & des talents, dont les Romains profitent habilement ; ils paroiſſent ne s'occuper que d'eux-mêmes, & ils ne laiſſent rien échapper de tout ce qui s'offre à leurs regards, & de tout ce qu'on leur dit. Le Cardinal Ganganelli étoit en cette partie plus pénétrant que tout autre, décomposoit les esprits comme un Chymiste les métaux, & il les réduisoit à leur juste valeur ; mais sa principale étude fut toujours une application constante à ses devoirs : il suffisoit de savoir ce qu'il devoit faire, pour être assuré de ce qu'il feroit, & il avoit cela de commun avec ses illustres Collegues. Les Cardinaux, quoiqu'en dise la malignité, vivent à Rome de la maniere la plus édifiante ; leurs maisons, toutes superbes qu'elles sont, ressemblent moins à des Palais qu'à des Mausolées, & ils n'en sortent que pour s'acquitter de leurs fonctions. On n'y connoît ni la table, ni le jeu, ni la société, à moins qu'il n'y ait sur le soir une simple conversation, où les propos sont aussi instructifs que mésurés. Cependant le Cardinal Bellarmain disoit qu'ils n'étoient pas-Saints parce qu'ils vouloient être très-saints, *non sono santi, perche vogliono essere santissimi.*

Ni la retraite, ni le travail ne prirent jamais rien sur la gaiété de Ganganelli : il élaguoit les chagrins comme un Jardinier habile reretranche les branches qui nuisent à la beauté d'un arbre, & qui en arrêtent la végétation. *Chaque homme a une richesse qui lui est propre*, disoit-il, *& la mienne est la gaiété, le seul patrimoine que mes parens m'aient* *laissé, & que je préfére à tous les trésors.*

On ne croiroit pas que les Cardinaux qui tiennent à Rome un rang si élevé, & qui y jouissent des plus grandes prérogatives, se distinguent moins par la pompe que par l'affabilité : ils mettent à leur aise tous ceux qui leur parlent, & malgré l'étiquette attachée à leur grandeur, ils sont populaires, & chacun les approche sans être ébloui de leur dignité : ils ne connoissent point ces politesses impérieuses que les gens en place emploient avec art pour ne rien perdre de leur orgueil, & pour avoir en même temps la réputation d'hommes honnêtes.

C'est ce qui me console, disoit le Cardinal Ganganelli, *de me voir dans la classe des Eminences : car on doubleroit & tripleroit les honneurs du Cardinalat, dont je suis environné*, ajoutoit-il, en parlant au Pere Barberi, Gardien du couvent des Saints Apôtres, maintenant Evêque de Bitetto dans le royaume de Naples, *que je n'en serois pas moins le très-humble serviteur du dernier des malheureux. Mon ame auroit-elle donc changé, parce qu'on m'appelle Eminence ? Il me semble que je suis toujours le même individu qui naquit à St. Archangelo, & que mon être n'a pas plus d'amplitude, qu'il en avoit avant ma promotion.*

Il aimoit singulierement les Etrangers, & sur-tout les François. *Il n'y a pas jusqu'à leur légéreté*, disoit-il, *qui ne me plaise & qui ne m'amuse : ils ont dans leurs manieres & dans leur air je ne sais quoi de séduisant.* Il se rappelloit avec plaisir, & il l'a souvent répété, qu'étant Religieux à Bologne, il rencontra dans le cloître un agréable Petit-Maître, tout froîchement arrivé de Lyon, qui lui dit, *Mon pere, c'est en vérité par désœuvrement que je me promene chez vous, car, je ne puis souffrir les Moines. Peut-être, Monsieur, les supporteriez-vous au réfectoire*, lui répondit le Pere Ganganelli, *& en ce cas, je vous supplie de venir vous rafraîchir.* Il accepta l'offre, la conversation s'engagea, & le jeune homme fut si content de l'esprit & des manieres du Religieux qui l'avoit si bien accueilli, qu'il s'arrêta deux mois à Bologne, uniquement pour le voir, & qu'à sa persuasion il retourna chez des parens qu'il fuyoit & dont il étoit tendrement aimé. Le Pere Ganganelli lui avança de l'argent pour sa route, & lui rendit tous les services d'un bon ami.

On avoit beau le voir s'élever par la force de son génie, & s'attirer des hommages universels par ses rares qualités, on n'osoit se promettre qu'il deviendroit Pape, & parce que les temps n'étoient pas favorables aux Religieux, & parce que Sixte-Quint sembloit avoir ôté la ressource de l'humilité, s'en étant fait un jeu pour parvenir.

D'ailleurs

D'ailleurs la liberté avec laquelle le Cardinal Ganganelli s'expliquoit ſur certaines démarches de la Cour de Rome, ſur la néceſſité de déférer aux volontés des Souverains, ne paroiſſoit pas lui concilier les Cardinaux. On ſavoit que dans la plûpart des Congrégations qui ſe tenoient ſous les yeux du Pape même, au ſujet du Duché de Parme, & de l'affaire des Jéſuites, il avoit donné des avis tellement contraires aux ſentimens du Pontife & de ſon Secretaire d'Etat, qu'on prit le partit de ne le plus conſulter. *On ne me communique rien*, diſoit-il, *& je ſai tout; mais on aura beau faire, ſi lon ne veut pas voir la Cour de Rome décheoir de ſa grandeur, il faudra néceſſairement ſe réconcilier avec les Souverains; ils ont les bras plus longs que les frontieres, & leur pouvoir s'éleve au-deſſus des Alpes & des Pyrenées.* C'eſt dans ces propres termes qu'il parla au Cardinal Cavalchini.

Clément XIII n'avoit que des bonnes intentions, & ſa mémoire ſera-toujours précieuſe à tous ceux qui ſavent reſpecter la piété; mais il eût fait un autre perſonnage ſi le Cardinal Archinto, ſon Miniſtre, à qui il donna toute ſa confiance, & qui en étoit digne, eût vécu plus long-temps. Après la mort de cette Eminence arrivée trop bruſquement chez le Cardinal Ferroni, pour le malheur du Pape, & de la Cour de Rome, le Cardinal Torrigiani, homme d'eſprit, mais dans les circonſtances, ami trop déclaré de la Société ; devint Miniſtre d'Etat. Alors on vit un changement extraordinaire dans la maniere de penſer & d'agir : on heurta les Souverains au lieu de les appaiſer : & comme ſi l'on eût voulu les irriter encore davantage ſur le compte des Jéſuites, on oſa donner avec fierté la Bulle *Apoſtolicum*, qui les confirmoit dans tous leurs priviléges, qui les juſtifioit dans tous les points, & qui faiſoit l'éloge le plus pompeux de leur zele, de leurs ſervices, & de leurs talens.-- Il eſt quelquefois de la bonne politique de paroître ennemi de ceux qu'on veut ſervir.

Peut-être la Compagnie de Jeſus ſubſiſteroit-elle encore ſans ces Patentes auſſi mal concertées, que révoltantes aux yeux des Souverains, & qui, d'après les paroles mêmes de Clément XIV, furent moins accordées qu'extorquées, *extortis potius, quàm impetratis*.

Il n'eſt pas concevable comment les Jéſuites ne prévirent pas les effets d'une piece auſſi peu réfléchie, & qui avoit tout l'air d'un ouvrage *ab irato*.

Le Portugal redoubla ſes plaintes, & l'affaire de Parme mettoit le comble à ces maux : auſſi pour ſe venger de ce qu'un Pape dans le dix-huitieme ſiecle, oſoit faire revivre d'anciennes prétentions ſur ce qui concerne le temporel des Souverains, & ne regarder le Duc de Parme que comme un ſimple vaſſal, le Roi de France prit Avignon, & le Roi de Naples, Benevent.

Avignon, ainſi que le territoire qui l'environne, connu ſous le nom du *Comta Venaiſſain*, avoit été vendu à Clément VI, l'an 1348, par Jeanne, Reine de Sicile & Comteſſe de Provence, du conſentement de Louis de Tarente, ſon mari, pour la ſomme de quatre-vingt mille florins, qui furent payés à la Reine, à condition que le Pape ſecourroit ladite Reine Jeanne dans le recouvrement de ſes Etats, dans leſquels elle fut en effet rétablie. On conteſte néanmoins cette vente, en aſſurant que la ſomme convenue n'a jamais été payée, & que même on compenſa par-là quelques reſtes de penſions dues au Saint-Siége, pour le royaume de Naples & de Sicile.

Quoiqu'il en ſoit, les Papes ont toujours joui du Comtat, & y ont même fait leur réſidence pendant 70 ans, ce que les Italiens appellent *la captivité de Babylone.*

Cela n'empêcha pas Louis XIV de le prendre à deux repriſes, & Louis XV s'en empara comme d'un pays enclavé dans ſon Royaume, & ſur lequel il a des droits.

Quand à Benevent, Henri III, dit le Noir, donna en 1053 ce Duché au Pape Léon IX, ſon parent, qu'il avoit élevé au Pontificat, & il a toujours été poſſédé par les Souverains

Pontifes, quoiqu'on ait souvent contesté cette possession : le Roi de Naples s'en rendit maître en 1764.

Pendant que ces actes d'hostilité se commettoient sans aucune résistance de la part des Romains, Clément XIII craignant d'agir contre sa conscience, s'annonçoit comme un autre Thomas de Cantorbery, prêt à souffrir le martyre pour conserver des immunités. Les nouvelles publiques ne parloient que de son courage, qui eût mérité tous les éloges, s'il eût été question de la foi ; mais qui n'ayant pour objet que des droits honorifiques & des biens périssables, avoit l'air d'un zele indiscret.

Ganganelli effrayé de l'orage qui grondoit de toutes parts, encore plus fâché de ce qu'on ne travailloit point à le calmer, désapprouvoit les engagemens qu'on avoit pris : il voyoit toute la profondeur du tombeau où l'on alloit ensevelir la gloire de Rome, si l'on s'obstinoit davantage à résister aux Monarques. *Le Saint Siége ne périra jamais*, écrivoit-il à un de ses amis, *puisqu'il est la base & le centre de l'unité, mais on ôtera aux Papes ce qu'on leur a donné.*

Clément XIII lui-même sentit enfin la justesse de cette réflexion, & ce voyant vivement pressé par la Maison de Bourbon, & par celle de Bragance, qui lui demandoient ardemment la suppression des Jésuites, il indiqua un Consistoire pour le 3 Février. Là, il devoit

devoit proposer aux Cardinaux d'acquiescer aux desirs des Souverains : mais, pour me servir de l'expression même de Clément XIV, il mourut dans la nuit contre l'attente de tout le monde : *Præter expectationem omnium.*

Cette mort atterra ses partisans, & en même-temps consola les Romains, qui contristés de n'avoir plus ni Avignon, ni Benevent, & de se voir en butte à la colere des Puissances prêtes à éclater, ne trouvoient d'espérance que dans un nouveau regne. Il n'y a point de Pape dont la mort ne cause de la joie & du chagrin.

Ce fut l'image d'un ciel nébuleux, ou plutôt d'une tempête, qu'un Conclave dans des circonstances aussi critiques. Les Cardinaux rassemblés, mais presque tous d'avis différens, s'annonçoient comme ces éclairs qu'on voit au sein des nuages, & qui préludent le tonnerre. On s'agitoit, on disputoit, & les uns assez mauvais politiques pour vouloir encore un Pape qui luttât contre la force, & les autres assez bien avisés pour concourir à l'élection d'un Pontife agréable aux Couronnes, se débattoient vivement.

Peu s'en fallut que la faction des opposans aux vues de l'Espagne & du Portugal, ne prévalût. Le Cardinal Chigi, Prince Romain, rempli de piété, mais dont la dévotion eût prouvé qu'on peut avoir de bonnes intentions, beaucoup de zele, & ne pas prendre le meilleur parti, fut ſur le point d'être élu Pape. Il ne lui manquoit que deux ou trois voix, lorſque les choſes changerent de face, & qu'on vit ſon parti s'affoiblir ſenſiblement.

Le choix d'un Souverain Pontife eſt preſque toujours une opération laborieuſe, à raiſon du nombre de voix qu'on exige pour l'élire. Le Sacré College ordinairement composé de Cardinaux pieux, politiques, indécis, ſe partagent dans toutes les élections. Les dévots donnent opiniâtrément leur ſuffrage en faveur de celui qu'ils croient le plus digne; les politiques ſe déterminent ſelon leurs intérêts, ou ſelon l'influence des Couronnes; & les indifférens tournent à tout vent: ce qui fait dire avec vérité, *que celui qui entre Pape au Conclave, en ſort toujours Cardinal.*

Ce ſeroit contredire toutes les Hiſtoires, que d'avancer qu'il n'y a ni cabales, ni factions dans les Conclaves; mais on a toujours obſervé, que celui qu'elles avoient en vue, n'arrivoit jamais à la Papauté. Il s'éleve tout-a-coup un avis qui prévaut, qui réunit les ſuffrages en faveur d'un Cardinal auquel on ne penſoit pas, & qui jette dans l'étonnement ceux même qui l'ont choiſi.

On rapporte à ce ſujet, que quelques Cardinaux ayant voulu plaiſanter un vieux domeſtique qui avoit vu cinq Conclaves, & qui prétendoit deviner la nomination de chaque Pape, voulurent lui faire croire en ſortant du Scrutin, que le Souverain Pontife venoit d'être élu, & qu'il leur répondit : *Je gagerai tout ce qu'on voudra que cela n'est pas, attendu que lorsque vous venez de faire un Pape, vous ne manquez jamais de me nommer Eminence, parce qu'alors vous n'êtes plus à vous-mêmes.* On disoit la même chose des Apôtres quand ils reçurent l'Esprit-Saint *quia musto pleni sunt isti.*

Il y avoit tout à parier au Conclave de 1740, qu'Aldovrandi seroit placé sur la Chaire de Saint Pierre. Toutes les factions du dehors & du dedans n'avoient que lui pour objet, & cependant ce fut Lambertini qui, après six mois d'indécision fixa sur lui les regards du Conclave, en disant sans autre dessein que celui de s'amuser : *Voulez-vous faire un Saint, prenez Gotti ; un Politique, Aldovrandi, un Bonhomme, prenez-moi.*

Ainsi dans le Conclave de 1758, lorsque Cavalchini prêt à recevoir la Thiarre, fut exclut par la France, & que le Cardinal Vicaire (Guadagni) dit aux François *vos autem Spiritui Sancto semper resistitis*, le Cardinal de Roth indiqua sur le champ l'Evêque de Padoue, comme un Prélat d'une éminente piété, & Rezzonico ; après avoir répandu des larmes sinceres, se vit assis sur la Chaire de Saint Pierre, sans pouvoir revenir de son étonnement.

Ainsi dans le Conclave de 1769, il y avoit

un parti conſidérable pour Chigi, petit-neveu d'Alexandre VII, & le Cardinal Ganganelli; quoique ſans intrigue & ſans ambition, eut le même triomphe qui Sixte-Quint, après avoir porté le même habit.

Il ſe tenoit tranquille & preſqu'iſolé, lorſqu'il répondit à quelques Cardinaux qui lui demandoient s'il vouloit être Pape : *Comme vous êtes en trop petit nombre pour me nommer, & trop pour avoir mon ſecret, vous n'en ſaurez rien.*

L'Empereur qui ſe trouvoit alors à Rome, & qui y parut avec des vertus Romaines, que Vienne célebre & que l'Europe admire, viſita le Conclave, n'y proféra pas le moindre mot en faveur du Cardinal Ganganelli; & ne ſe ſoupçonna même pas d'être le Pape futur. Etonné ſeulement de le voir en habit noir, il le prenoit pour un ſimple Prêtre, lorſque Ganganelli dit à voix baſſe : *C'eſt un Religieux de Saint François qui porte la livrée de la pauvreté.*

Cependant, pour me ſervir de la comparaiſon du Cardinal Querini, qui peint un Conclave d'une maniere tout-à-fait ingénieuſe en l'aſſimilant à une ruche d'abeilles, & il y en avoit parmi les Cardinaux qui bourdonnoient, d'autres qui piquoient, tandis que la plus nombreuſe & la plus ſaine partie travailloit à former le grand *luminaire* dont l'Egliſe devoit être éclairée, *luminare majus.*

Les pasquinades, toujours en usage chez les Romains, & sur-tout au temps des Conclaves, se multiplioient de toutes parts, & comme il arrive par fois qu'elles sont le résultat de l'opinion public, il n'est pas hors de propos de rapporter celles qui caractérisoient Ganganelli L'une Latine lui attribuoit ces paroles du pseaume 118: *Super docentes me intelexi*: J'en sais plus que ceux qui m'ont instruit; & l'autre en Italien, le représentoit comme ayant des dents pour mordre, & un bon nez pour sentir.

A denti per morsicare;
E buon nazo per sentire.

Cela étoit d'autant plus flatteur, que les satyres qui coururent alors n'épargnerent personne, & que parmi les Cardinaux il y en avoient de désignés, l'un comme ne sachant pas parler *ah nescio loqui*, l'autre comme ayant tout au plus une forme humaine: *Animal habens quasi faciem hominis*, *&c. &c.*

Le Conclave dura trois mois & quelques jours; la difficulté de nommer un Pontife dans des circonstances aussi épineuses, le rendoit très-tumultueux. Les Jésuites avoient beaucoup de Cardinaux qui leur étoient singuliérement dévoués, & qui craignoient la ruine prochaine de la Société; les opinions étoient continuellement contrebalancées: il falloit touver les moyens d'allier la religion avec la politique, de ſoutenir les droits du S. Siége & de déférer aux deſirs des Souverains.

Les Cardinaux attachés à la maiſon de Bourbon, ſavoient que Ganganelli, ſans avoir aucune haine contre les Jéſuites, ne les avoit jamais cultivés ; qu'étant Profeſſeur de Théologie, il combattit plus d'une fois leurs opinions ; qu'il s'expliquoit hautement ſur la néceſſité de ſe rapprocher des Monarques ; qu'il penſoit enfin que dès qu'un Ordre Régulier étoit en butte aux Puiſſances Catholiques, il falloit abſolument le ſupprimer.

D'ailleurs un Religieux du Comtat Venaiſſain, qui s'étoit particuliérement lié à Rome avec le Cardinal Ganganelli, & qui en recevoit des lettres fréquentes, ſur toutes les opérations de Clément XIII, crut devoir, pour le bien de l'Egliſe, faire part au Miniſtere François de cette correſpondance.

On y vit que ſa maniere de penſer ne s'accordoit nullement avec le ſyſtême précédent ; qu'il étoit homme à ſeconder les vues de la Maiſon de Bourbon ; & l'on en fit un fidele rapport à Louis XV, Roi de France, qui donna les ordres les plus précis au Cardinal de Bernis d'appuyer fortement l'élection de Ganganelli.

Perſonne n'étoit plus capable que cette Eminence de remplir une pareille commiſſion.

Habile à manier les esprits comme la lyre d'Apollon, il avoit charmé l'Europe par la douceur de sa poësie & il l'avoit étonnée par la réconciliation des Maisons d'Autriche & de Bourbon. Il entraîna le Cardinal Rezzonico & son parti du côté des Espagnols & des François ; & ce fut une victoire importante en ce qu'elle décida l'élection du Cardinal Ganganelli, & qu'elle fit asseoir sur la Chaire de Saint Pierre l'homme le plus digne de la remplir. Ainsi l'éloquence d'Aaron servit sou-souvent à accomplir les desseins de Dieu.

On peut juger d'après cet exposé simple & naïf, s'il est vrai, comme le débiterent les plus méprisables Satyres, que Clément XIV n'obtint la thiarre qu'aux conditions de détruire la Société : c'étoit outrager de la maniere la plus criminelle, & le Chef de l'Eglise & les Souverains eux-mêmes, que de les supposer capables d'un tel complot.

Ganganelli méprisoit trop les honneurs, il avoit la conscience trop délicate pour se prêter à une aussi horrible simonie : mais tel est le sort des plus grands hommes ; il n'y en a point qui n'ait deux réputations, les uns les préconisent, les autres les déchirent.

Ce fut le 19 Mai 1769, que le Sacré Collége reconnoissant enfin que le Cardinal Ganganelli seroit agréable à tous les Souverains, sachant d'ailleurs combien il étoit savant & vertueux, le proclama Souverain Pontife. On le vit paroître alors comme un Arc-en-ciel qui ſort d'un nuage épais, & qui annonce le retour du beau temps. Il vouloit s'impoſer le nom de Sixte VI; mais en reconnoiſſance de ce que Clément XIII l'avoit fait Cardinal; il prit ſon nom ſelon l'uſage établi depuis long-temps.

Il fut ſi peu ébloui de ſa dignité ſuprême, qu'on eut toutes les peines du monde à le réveiller le lendemain de ſon exaltation. Jamais Il n'avoit dormi d'un ſommeil plus tranquile & plus profond. Ce n'eſt ſûrement pas ainſi qu'un ambitieux eût paſſé la nuit. Lorſqu'après l'adoration, on lui demanda s'il n'étoit pas fatigué, il répondit, avec ſon ton humble & naïf, *qu'il n'avoit jamais vu cette cérémonie plus à ſon aiſe, d'autant mieux qu'il ſe ſouvenoit d'avoir été vivement répouſſé à pareille fête quand il n'étoit que ſimple Religieux.*

Il étoit incroyable combien le peuple Romain fit éclater ſa joie, lorſque le Cardinal Diacre vint, ſelon l'uſage, annoncer à haute voix: *vous avez pour Souverain Pontiſe, François Laurent Ganganelli, qui s'eſt impoſé le nom de Clément.*

On n'entendit que des cris d'allégreſſe, & il n'y eut jamais, du temps des anciens Romains, un triomple auſſi marqué. *Allora tutto il mondo era infervorato, è ſi credeva che il ſeculo d'oro ricommenciava da capo.*

Alors

Alors tout le monde étoit transporté, écrivoit une Dame Vénitienne à une de ses Amies, & l'on s'imaginoit que le Siecle d'or alloit recommencer .... Mais hélas! c'étoit l'aurore d'un beau jour; qui ne devoit durer qu'une matinée.

On pressa vivement le nouveau Pape de faire expédier un Courrier à ses Sœurs, pour leur apprendre une aussi agréable nouvelle, & il se contenta de leur écrire par la Poste, en disant qu'elles n'étoient point accoutumées à recevoir des ambassades, & que cela leur causeroit une révolution. On parle de l'abondance du cœur, quand on est modeste.

Il prononça, quelques jours après son avénement au Trône Pontifical, un Discours digne de son cœur & de son génie après avoir exposé qu'on voyoit dans sa Personne, *comment le néant pouvoit devenir quelque chose entre les mains de Dieu*, il s'éleva insensiblement jusqu'à déployer la puissance & les prérogatives du Souverain Pontificat, & lorsqu'il eut tracé le Plan qu'il se proposoit dans le Gouvernement de l'Eglise, il finit par ces paroles énergiques : *Sic, juvante Deo, gabernabimus Ecclesiam militantem, ut non ammittamus triumphantem.*

Jamais Pape n'avoit été élu dans un temps plus orageux. Le Portugal vivement irrité contre Rome, comme n'en ayant pas reçu la satisfaction qu'il désiroit dans ce qui concernoit les Jésuites, méditoit les moyens de se donner un Patriarche, & de ne plus communiquer avec le Pape, que par la voie des Prieres. L'Espagne qui exigeoit à toute force leur abolition, tonnoit continuellement auprès du Saint Siége, & laissoit entrevoir quelque démarche funeste à la Cour de Rome. La France, en possession d'Avignon depuis quelques années, & vivement irritée de la maniere dont on avoit traité le Duc de Parme, s'unissoit à l'Espagne pour faire éclater en toute occasion la grandeur de son ressentiment. Naples, soutenue par les autres Couronnes, & par un Ministere plein de vigueur, retenoit Benevent, Ponte-Corvo, & menaçoit de pousser plus loin ses limites. Parme, la pierre d'achoppement, exigeoit une rétractation de la part du Pape même, comme une justice qui lui étoit due. Venise prétendoit réformer les Communautés Religieuses, sans en conférer avec Rome; la Pologne avisoit aux moyens de diminuer les priviléges de la Nonciature, & de mettre conséquemment un frein à l'autorité Papale; les Romains eux-mêmes murmuroient de voir leurs Possessions devenir la proie des Etrangers; & pour comble de maux, un esprit de vertige répandu de toutes parts, attaquoit les Rois, les Pontifes, Dieu lui-même, & rangoit le Christianisme dans la classe des chimeres & des superstitions.

Quel coup-d'œil pour le Chef de l'Eglise.

Clémennt XIV commença par adresser des vœux au Ciel pour les besoins de l'Eglise & de l'Etat; & pleinement occupé de réparer les breches qu'un zele indiscret avoit fait à la Religion, il écrivit à tous les Monarques, leur montrant une ame pacifique, & les intéressant vivement par la tendre affection qu'il leur témoigna. Il nomma le Cardinal Palavicini, son Secretaire d'Etat, comme un Ministre agréable aux Couronnes; mais bien résolu de gouverner par lui-même, & de prendre sur le fait tous les Agens subalternes, au moment qu'ils malverseroient. *Rien*, dit-il, *n'est à négliger lorsqu'on est Souverain; les plus petits objets ont des ramifications qui s'étendent jusqu'aux premieres racines.*

Un secret inviolable dérobe à ses plus intimes amis la connoissance des projets qu'il médite, & les Nouvellistes sont obligés de se nourrir de conjectures, & d'avouer que le *Pontificat de Ganganelli n'est pas celui des Curieux.* C'est ce que répondit un Cardinal à une Dame Romaine, qui le persécutoit pour savoir ce que deviendroient les Jésuites.

Personne n'ignore que ces Peres, fondés par Saint Ignace, & approuvés par Paul III l'an 1540, eurent dès le moment de leur naissance de grands amis, & de puissans ennemis, & que pour parler d'eux avec équité, il ne faut adopter ni le langage de ceux qui les préconisent tous comme des êtres merveilleux, ni l'opinion de ceux qui les supposent tous des hommes dangereux.

L'infaillibité n'étant promise qu'à l'Eglise universelle, il n'y a point d'Ordre Religieux qui n'ait commis des fautes, & qui n'ait eu des torts. On en reprocheroit beaucoup moins aux Jesuites, s'ils avoient eut moins de talens, & s'ils eussent occupé des postes moins brillans. Ils ne penserent pas qu'en acquérant la confiance des Souverains, ils exciteroient la jaloûsie de toutes parts, que leurs plus petites fautes deviendroient des affaires d'Etat, & que même sans avoir d'autre dessein que celui de rendre service, on prend insensiblement dans les Cours, & presque malgré soi, un esprit d'intrigues & de domination. C'est pourquoi le Cardinal le Camus prétendoit avec vérité, *qu'il étoit presque impossible qu'un Ecclésiastique ne respirât à la Cour un air malfaisant.*

» Les Princes & les Prélats ne doivent ac» cuser qu'eux-mêmes, disoit le P. la Rue » au Maréchal de Luxembourg, s'il est vrai » que nous soyons fiers & intrigans. En nous » appellant auprès d'eux, en nous honorant » de leurs faveurs, ils nous auront mis dans » cette dure nécessité : car il est dans la nature » de l'homme d'aimer à dominer ». Le Cardinal de Fleury disoit à Louis XV : *les Jésuites sont des bons serviteurs, mais des mauvais maîtres*,

maîtres quand on leur donne trop d'autorité.

Clément XIV se trouvant précisement au centre des plaintes & des éloges qu'on faisoit de la Compagnie de Jesus, voyoit tout à la fois des motifs pour la détruire, & des raisons pour la conserver. Il savoit que depuis son établissement, la plûpart de ses Membres travailloient avec un zéle infatigable pour prêcher les Peuples, pour enseigner la Jeunesse, & que, selon l'exposé-même de l'Evêque de Soissons (*Fitz de James*) dont le témoignage n'étoit pas suspect, *ils vécurent toujours d'une maniere vraiment exemplaire.* Mais il savoit en même-temps qu'on leur reprochoit de *commercer*, de *troubler la paix, d'avoir une morale relâchée*, (ce sont les termes de son bref) & que c'étoit Sa Majesté Chrétienne, Sa Majesté Catholique, sa Majesté Fidéle, qui, après les avoir expulsés de leurs Etats, sollicitoient vivement leur destruction.

Autant de griefs qu'on devoit peser au poids du Sanctuaire ! aussi Ganganelli, toujours modéré, prit-il le terme de quatre années, pour supputer les avantages & les inconvéniens d'une pareille démarche, malgré les instances journellement réitérées des Princes & de leurs Ambassadeurs, malgré les murmures d'un public toujours impatient, & qui s'imagine qu'on n'a d'autre affaire que de contenter sa curiosité. *Diuturno temporis spatio opus esse judicavimus.*

Le premier soin du Pontife fut de ramener le Portugal, qui s'éloignoit de la Cour de Rome de plus en plus. On ne le vit point, à l'exemple de ses Prédécesseurs, alléguer sa dignité pour se dispenser de faire la premiere démarche. En Pere tendre comme en homme éclairé, il alla lui-même au-devant des Portugais, & il fit si bien, que la Cour de Lisbonne reçut un Nonce, & reprit pour celle de Rome son ancienne affection.

D'après cet exemple, on peut affirmer que l'Angleterre seroit encore Catholique, qu'Henri VIII, son Roi, ne se fut jamais séparé de la Communion Romaine, si Clément XIV eut été a la place de Clément VII.

On a beau vouloir rabaisser la dignité Papale, dit judicieusement M. de la Lande, Académicien, dans ses excellentes observations sur l'Italie; il n'en est pas moins vrai que le Souverain Pontife, qui trouve ses titres & ses prerogatives, dans l'Evangile même, qui, par une succession non interrompue, n'a cessé depuis Pierre jusqu'à nous, de recevoir les hommages des Princes & des Peuples, comme ayant dans l'Eglise primauté de rang & de jurisdiction, n'influe encore beaucoup sur l'esprit des Nations, & dans le Cabinet des Rois.

On ne regardera jamais l'Evêque de Rome

comme un perſonnage indifférent. Par ſa conſtitution, par ſes prérogatives, par ſon autorité, il tient à trop de liens intérieurs & exterieurs, pour devenir un être iſolé; & il y a bien paru dans ces derniers temps, où l'on a ſenti plus que jamais, qu'on auroit beau ſupprimer les Jeſuites; qu'ils ne ſeroient points détruits, tant que Rome ne parleroit pas.

Il eſt étonnant combien il y eut à ce ſujet de colloques, & d'audiences chez le Pape même. Les Cardinaux de Bernis, Orſini, le Prélat Azpuru, Miniſtre d'Eſpagne, ſe préſentoient tour à tour, & ſouvent tous enſemble, pour expoſer les raiſons de leurs Souverains, & pour déterminer le Pontife à finir cette grande affaire.

Cependant Clément XIV, au centre des plus importantes négotiations, paroiſſoit tranquille, ne laiſſoit rien tranſpirer de ce qui ſe paſſoit dans ſon ame, & n'en vaquoit pas moins aux affaires ſpirituelles que temporelles, qui exigoient ſon attention.

Il avoit été couronné dans la Baſilique de S. Pierre, le 4 Juin 1769, au milieu des acclamations; & le 26 Novembre de la même année, il prit poſſeſſion de Saint Jean de Latran, avec toute la magnificence attachée à cette pompeuſe cérémonie.

L'impoſſibilité de le pénétrer faiſoit qu'on cherchoit à le déviner, & qu'on ſe livroit même à des conjectures puériles, pour imaginer ce qui devoit arriver. Dès qu'on le vit tomber de cheval, ces hommes nuls, & qui pour être quelque chose s'érigent en politiques, ne manquerent pas de conclure que les Jésuites seroient infailliblement détruits, parce que Clément V, qui anéantit les Templiers, avoit fait une même chûte & dans la même circonstance. Le Pape heureusement ne se blessa pas : *Il n'y a point de contusion*, dit-il en se relevant ; *mais un peu de confusion.* Il monta dans sa litiere & continua sa route au milieu des applaudissemens, ju'squ'à Saint Jean de Latran, où l'on jugea à propos de lui ouvrir la veine. Cet évenement n'eut d'autre suite que de faire soupçonner qu'on avoit gagné son Ecuyer, pour qu'il lui donnât un cheval scabreux, comme si les grands ne pouvoient tomber, sans qu'il y eût quelque chose de mystérieux.

Il falloit selon l'usage expédier la Bulle du Jubilé que chaque Pape a coutume de donner à son exaltation. Celle de Clément XIV fut un chef-dœuvre d'éloquence & d'instruction. On y trouva cette piété mâle & lumineuse qui caractérise les ames sublimes, & chaque nation se fit un plaisir de la lire, & un devoir de la conserver. L'amour de la paix qu'on y recommande à tous les Fideles, & qui en fait la substance, eût étouffé toute dispute, si la modération Chrétienne dirigeoit les esprits, & si les hommes, au lieu de n'écouter qu'eux-mêmes, vouloient entendre la Religion.

Ce fut pour l'affermissement de cette paix, que Clément, par un trait qui n'a point d'exemple, & qui le couvre d'une gloire immortelle, omit de lire la Bulle *In Cæna Domini*, au moment même, où suivant l'usage, elle alloit être promulguée avec le plus grand éclat. Cette Bulle, quoique l'ouvrage d'un Saint Pontife (Pie V,) n'en est pas meilleure, & c'étoit irriter les Souverains que de leur en rappeller le souvenir : tout ce que font les Saints, n'est pas une œuvre de sainteté.

Les Cardinaux apprirent par ce coup d'autorité, que le Pape ne se laissoit ni mener, ni deviner ; que la bonne politique se plie selon les circonstances, & que l'inflexibilité, lorsqu'on est foible, est une source de malheurs.

A peine eut-il appris que le Roi de Portugal venoit d'essuyer un nouvel assaut de la part d'un inconnu qui avoit osé attenter à sa vie, qu'en plain Consistoire il épancha une ame pénétrée de douleur. Ce fut un pere qui pleuroit sur le malheur d'un fils qu'il aimoit tendrement, un Pape qui rendoit aux Rois l'honneur qui leur appartient. On célébra par ses ordres une Messe solemnelle en actions de graces, & Clément, en usant d'une pareille attention, préparoit insensiblement une réconciliation entiere avec les Souverains.

Autant il étoit humble dans le commerce de la vie, autant il fut magnifique dans les occaſions d'éclat. Lorſque le Duc de Glocester ſe rendit à Rome pour y contempler cette Ville toujours ſuperbe, & pour y prendre une juste notion de ces monumens précieux, dont les uns antiques & les autres modernes, portent l'empreinte de la delicateſſe & de la Majesté, alors le ſimple Religieux diſparut, & l'on apperçut le Souverain Pontiſe déployer le caractere auguste de ſa dignité.

Si-tôt que le Prince entra dans l'Etat Eccléſiaſtique, le Pape lui députa des hommes recommandables par leur ſavoir & par leur rang, qui l'accompagnerent juſque dans la capitale, & il lui envoya les plus précieuſes productions du pays. Il fit illuminer le ſuperbe Dôme de la Métropole du monde Chrétien, ſpectacle unique, qu'on ne peut ſe figurer, que lorſqu'on l'a vu.

Le Duc enchanté de ces attentions & de ces fêtes, le fut bien autrement, comme il le dit lui-même, lorſqu'il eut une audience du Souverain Pontiſe. Il vit contraster la grandeur Papale avec la plus parfaite humilité, la profondeur du génie avec la plus légere converſation, & il apprit que le Cloître ne donne pas toujours des entraves à l'eſprit, comme on ſe l'imagine communément.

Le Duc de Cumberland ne reçut pas moins d'honneurs, lorſqu'il voulut auſſi viſiter l'Italie. Les Anglois justes estimateurs du vrai mérite, devinrent depuis cette double époque les Panégiristes de Ganganelli, comme ayant appris à le connoître, & le Roi d'Angleterre lui-même lui écrivit de la maniere la plus affectueuse pour le remercier de la magnificence avec laquelle il avoit reçu ses freres, & lui envoya les plus beaux présens. Il fit plus, il accepta sa médiation pour se réconcilier avec le Duc de Cumberland.

Il n'y a pas de meilleure politique pour le Pere commun des Fidéles, que de bien accueillir les Etrangers, & Clément prouva qu'il en étoit convaincu. On alloit à son audience avec empressement, on y restoit avec joie, on en sortoit avec regret. Quoiqu'il n'eût pas aboli le cérémonial de baiser les pieds, comme l'annoncerent légérement les papiers publics, il se hâtoit de relever ceux qui l'approchoient, & de les convaincre que l'usage de s'humilier en présence du Souverain Pontife, tient beaucoup moins à la grandeur, qu'à la Religion : *Les hommages*, disoit-il, *qu'on rend extérieurement au Chef de l'Eglise, se rapportent à l'Eglise même, & je n'en prens absolument rien pour moi.*

Cependant les Anglois, les Allemands, les François, les Russes, les Hollandois, les Artistes, les Savans, en abordant Clément XIV, ne cherchoient que Ganganelli. On connoissoit son mérite, on étoit instruit de ses talens, & l'on étoit curieux de voir un Disciple de Saint François, qui, dans le temps le plus défavorable aux Religieux, avoit été préféré pour la Thiarre aux Princes Romains, & aux fils même des Rois.

Il recevoit les hommes de tous Pays, comme s'il fût né dans tous les climats : il leur parloit comme si son langage eût toujours été celui d'un Pere & d'un Souverain ; & c'étoient autant d'admirateurs qui publioient de toutes parts ses rares qualités. Peut-être n'y eut-il jamais un Pape aussi généralement connu que Clément XIV. A peine sait-on ordinairement comment s'appellent les Souverains Pontifes. On ne les connoît que par le nom qu'ils s'imposent à leur exaltation ; mais jusque parmi le peuple, jusque dans les campagnes mêmes, chacun étoit informé que le Pape se nommoit *Ganganelli.*

C'est une fiere leçon pour ces hommes vains, qui n'ont d'autre existance que celle de leurs aïeux ! Un grand homme n'a besoin que de lui-même pour se faire admirer ; son nom, quoique vulgaire, efface celui des Princes.

Clément, pour n'être ni deviné ni trahi, traitoit directement avec les Souverains, comme il l'avoit désiré ; & malgré l'assujettissement d'une pareille correspondance, il veilloit avec le plus grand scrupule au gouvernement intérieur de ses Etats. Il succédoit à un Pape qui jugeant des autres par sa candeur se persuadoit qu'on ne pouvoit le tromper, & qui, à l'om-

bre

bre de cette bonne foi, avoit laiſſé la famine pénétrer juſque dans le cœur de Rome : choſe d'autant plus extraordinaire, que les Souverains Pontifes ont toujours ſoin de faire des approviſionnemens, enfin d'empêcher un pareil déſaſtre. Il fut tel ſous Clément XIII, que le pain valut juſqu'à ſix baioques la livre (ſix ſols & demi de notre monnoie) & que le Peuple dut à Sixte-Quint le bonheur de ne pas expirer au-milieu des horreurs de l'indigence & du déſeſpoir. On n'a point oublié que ce grand politique dépoſa au Château Saint-Ange cinq millions d'écus Romains, pour ſubvenir à des beſoins urgens; & c'eſt-là qu'on puiſa de quoi acheter des bleds, lorſqu'on fut réellement aux abois.

De miſérables Monopoleurs, le fléau de l'Europe depuis quelques années, affamerent l'Etat Eccléſiaſtique pour nourrir leur inſatiable cupidité, & firent paſſer chez les Vénitiens des proviſions deſtinées à la ſubſiſtance des Romains.

Ganganelli uſa de toute l'activité poſſible pour ramener l'abondance, & il y réuſſit : Rome reprit ſon allégreſſe & ſon embonpoint. Chacun bénit l'Ange tutélaire qui veilloit au ſalut des malheureux; & c'eſt dans cette circonſtance que Paſquin diſoit ingénieuſement, que bien des Papes ne ſavoient que bénir & ſanctifier, *benedicere & ſanctiſicare*, mais que Clément XIV avoit le talent de régner &

de gouverner : *Regere & gubernare.*

Il e t vrai qu'en se multipliant en autant de secours qu'il y avoit de besoins, il pourvut à tout, & qu'en faisant donner des sémences aux Cultivateurs ; qu'en diminuant la taxe des denrées, il coupa la racine du mal. *J'aurois bien mauvaise grace*, disoit-il un jour au Cardinal Stoppani, *de ne pas soulager les indigens, moi qui suis venu au monde long-temps avant ma fortune, & qui fus un pauvre Religieux de l'Ordre de Saint François.*

Laissez, dit-il une autre fois à un de ses Chevaux-Légers, *laissez approcher ces bonnes gens qui veulent me voir : leur amour propre est flatté d'appercevoir un homme ordinaire, parvenu à une telle élévation.*

Aussi le Peuple l'aima-t il à l'excès, tandis que la plûpart des Seigneurs ne le supportoient qu'à regret. Le mérite est une chose incommode pour ceux qui n'en ont pas. Ganganelli n'avoit en partage que de la science & de la piété ; ce que bien des grands ne connoissent pas, ou ce qu'ils estiment le moins.

D'ailleurs, pour être maître de ses opérations, il affectoit à l'égard des Cardinaux une certaine fierté. C'étoit la politique de Sixte-Quint, & il crut devoir l'employer. Leurs Eminences murmuroient, & en bon politique, il ne s'en appercevoit pas.

Un Souverain qui a plusieurs Confidens, dit-il, *est infailliblement dominé, & souvent trahi. Je dors tranquille quand je ſuis aſſuré que mon ſecret n'eſt qu'à moi.* Ce qu'on ne profere pas, ne s'écrit point. *Il tacere non ſi ſcrive.*

L'Eſpagne toujours occupée de l'affaire des Jéſuites, quoiqu'ils n'exiſtaſſent plus ſur ſes terres, ſollicitoient vivement la Béatification de Jean de Palafox, Evêque d'Angeliopolis, enſuite d'Oſma, comme ayant été leur plus redoutable antagoniſte. Elle penſoit qu'en mettant au nombre des Saints un Prélat qui les avoit peints à Innocent X ſous d'affreuſes couleurs, ils en ſeroient atterrés, & que c'étoit le plus terrible coup qu'on pût leur porter.

Clément fit inſtruire cette cauſe avec la plus grande ſévérité, & ſoit qu'on ne l'ait pas jugée encore aſſez mûre, ſoit que depuis l'abolition des Jéſuites on n'en ait plus ſenti l'utilité, Palafox n'eſt encore honoré qu'en ſecret de ceux qui reverent ſes vertus.

Quoique Ganganelli ne fût pas un de ces Papes, dont Paſquin a dit, *qu'ils aimoient mieux faire des bienheureux, que des heureux*, il béatifia le Cardinal Paul Aretio, de la Congrégation des Théatins; François Caraccioli, Inſtituteur des Clercs Réguliers mineurs, & Bonaventure Potentia, Religieux Conventuel. S'il ne fit que des préſens de cette eſpece à l'Ordre de Saint François, c'eſt que des honneurs céleſtes doivent plus affecter des Religieux, que des avantages temporels, &

qu'il voulut d'ailleurs traiter avec le même désintéressement & ses Confreres & sa famille. Il ne vit cependant pas indifféremment les Cordeliers François reprendre les Constitutions & l'habit des Conventuels, que le Cardinal d'Amboise leur avoit ôté, lorsqu'il les réforma. Cela augmentoit le nombre de ses anciens Confreres qu'il aima toujours tendrement, & il étoit charmé de pouvoir entretenir parmi eux un honnête émulation. On vit paroître un Bref tout écrit de sa main, au sujet de cette réunion qui fut glorieusement cimenté, & on le vit lui-même présider au Chapitre général en pere qui rassemble des enfans chéris, & qui leur parle dans l'effusion d'un cœur pénetré.

Ce fut un spectacle attendrissant que l'humble Ganganelli devenu Pape, environné d'une multitude de Religieux de tout âge & de toute nation, dont les uns excités par la curiosité, les autres par le respect, tous par l'attachement savouroient le plaisir inestimable de l'entendre & de le contempler. Un habile Peintre eût fait de ce point de vue le plus excellent tableau. C'étoit au milieu des extases, à qui l'approcheroit, tant l'impression de ses lumieres, de ses vertus, de sa dignité agissoit puissamment sur les cœurs & sur les esprits.

On le conduisit selon ses desirs à son ancienne chambre dont il garda toujours la clé, & c'est-là que l'idée de ce qu'il avoit été, le

souvenir

souvenir de ce qu'il avoit été, attendrirent son ame & baignerent ses yeux.

Le Prélat Aspuru, Ministre d'Espagne, qui se donna tant de mouvemens auprès du Saint-Pere pour hâter la mort de la Société, mourut lui-même avant d'avoir rien terminé. La Cour de Madrid sensible à cette perte ne se trompa point en nommant à sa place Monsignor Monino. *C'est un aspic*, disoient les partisans des Jésuites, *qui s'entortille continuellement autour du Pape, & qui le pique de temps en tems, pour l'engager à éteindre la Société.*

Le Saint Pere s'instruisoit de tout sans le manifester, & dans le temps même qu'on le voyoit monter à cheval, se promener aux environs de Rome, se délasser enfin par des récréations innocentes, il rouloit les plus grands projets. Il faut convenir qu'accablé d'affaires, il avoit essentiellement besoin de détendre son esprit; mais outre que l'activité de son génie ne lui permettoit pas de se désoccuper entiérement, les vives inquiétudes qui l'agiterent pendant son Pontificat, étoient de nature à monter en croupe & à galopper avec lui. Aussi, disoit-il, qu'il étoit dans le purgatoire : *Jo sono veramente nel Purgatorio.*

Le Pere Buontempi, son ancien Confrere & son ami, le voyoit tous les jours, & ne cessoit de l'admirer. L'assiduité auprès des grands hommes, est la pierre de touche pour bien les connoître. Ganganelli toujours vuide de l'esprit du monde, toujours rempli de celui de Dieu, n'avoit des momens lucides qu'autant qu'il les unissoit à l'éternité; mais chaque heure de sa vie lui paroissoit aussi précieuse que la derniere, & dès-lors tout son temps étoit sagement employé.

Jamais l'éclat de son trône ne l'éblouit. *S. Arcangelo*, disoit-il, *fait disparoître Rome à mes yeux, & toute la magnificence extérieure qui m'environne ne m'empêche pas de me rappeller ma cellule & mon cloître.*

On loue la sobriété de ces anciens Sénateurs Romains, qui après avoir joui des plus grands triomphes, ne se nourrissoient que de légumes & de fruits: celle de Ganganelli ne fut pas moins admirable, Assis au rang des Rois, recevant les hommages de plusieurs, entouré d'une Cour aussi brillante que célebre, il ne voulut être servi que comme un simple Religieux. Le repas le plus frugal, qui ne valoit gueres mieux que la portion ordinaire du Couvent des Saints Apôtres, & préparé des mains *du bon Frere François*, le réduisoit à manger uniquement pour subsister. Lorsqu'on lui représenta que la dignité Papale exigeoit plus d'apprêt, il se contenta de répondre: *Ni Saint Pierre, ni Saint François ne m'ont point appris à dîner splendidement*: & lorsque le Chef de cuisine vint le supplier de le conserver, il lui dit: *vous ne perdrez pas vos ap-*

pointemens, mais pour vous mettre en exercice, je ne perdrai pas ma ſanté.

Rien ne put jamais le diſtraire de ſes auguſtes fonctions. On le vit toujours à toutes les Chapelles Papales donner les marques de la plus haute piété célébrer les Saints Myſteres, comme un Pontife qui exerce réellement le Sacerdoce de Jeſus-Chriſt, prier comme un eſprit tout brûlant de l'amour Divin, & édifier tous ceux qui l'approchoient. Rome n'a point oublié que deſcendant un jour de ſon èquipage pour ſuivre le Saint Sacrement juſque dans le triſte réduit d'une pauvre femme, il lui fit l'exhortation la plus pathétique; & qu'il gratifia d'une ſomme digne de ſa généroſité : *Un Pape*, diſoit-il, *n'eſt pas le Chef de l'Egliſe pour vivre en Prince du monde, mais pour ſervir les autres & pour ſe ſanctifier lui-même.* Auſſi ne connut-il point cet eſprit de domination ſi condamné par Saint Pierre, & qui des Miniſtres de Jeſus-Chriſt en fait des eſclaves. Les Prêtres comme les Religieux trouverent en lui un pere toujours prêt à les écouter, un ami toujours ſenſible à leurs peines comme à leurs beſoins.

On lui reproche d'avoir été trop indulgent à l'égard des Religieux qui quittent leurs Cloîtres, & qui demandent des Brefs de ſéculariſation; mais il ſavoit qu'un Moine mécontent eſt un ſcandale perpétuel dans une Communauté, & que la charité veut qu'on compatiſſe au malheur de ceux qui s'engagent dans les Cloîtres ou par dépit, ou par légéreté.

Vous devez me ſavoir gré, diſoit-il, à un Général d'Ordre qui ſe plaignoit de ce que ſa Sainteté favoriſoit la ſortie d'un Religieux, *de la bonne œuvre que je viens de faire, le ſujet dont vous me parlez ſe ſeroit perdu chez vous, auroit entraîné les autres dans la perdition, & vous auroit peut-être égorgé.*

Il eut toujours pour regle la maxime de Saint Paul, qu'on doit être ſage avec ſobriété, & ne jamais s'écarter de la modération: *Sapere ad ſobrietatem*: maxime admirable que ne connoiſſent ni les enthouſiaſtes, ni les faux dévots, & ſans laquelle un Pape ne ſait pas gouverner.

Quoique Rome ſoit la Ville du monde où il y ait plus d'aumônes & plus d'hôpitaux, quoique cette abondance de charités n'entretienne que trop ſouvent la miſere & l'oiſiveté, Clément ne pouvoit réſiſter au plaiſir de donner. Son cœur, l'entrenoit malgré toutes les réflexions, & il falloit pour le tranquiliſer, qu'il s'épanchât dans le ſein de l'indigent. Une belle ame eſt une ſource de richeſſes pour les malheureux. Ganganelli n'en connût point qu'il ne les aſſiſtât. Il leur diſtribuoit de l'argent, il leur faiſoit faire des habits, & il diſoit que la ſeule choſe qui le contrarioit, lorſqu'il vivoit dans le Cloître, c'étoit de n'avoir pas la faculté de donner. Auſſi s'écria-t-il avec tranſport, lorſqu'il devint Cardinal : *Ah ! du moins pourrai-je quelquefois ſecourir mon prochain.*

Pour peu qu'on le vît ſortir, on s'appercevoit aiſément qu'il étoit libéral. Les pauvres ſe laſſent bien-tôt d'accompagner un Prince qui ne donne rien, & ils formerent toujours la plus nombreuſe partie de ſon cortege.

Il s'épanouiſſoit en les voyant, ſouvent même il leur parloit avec cette bonté qui donne aux moindres paroles un prix infini.

Les gens en place employoient inutilement tous les moyens pour pénétrer le Saint Pere, & comme ils ne ſont jamais contens d'un Pontificat, à moins qu'il ne menent le Pontiſe, ils ſe répandoient ſouvent en plaintes ameres. Le Pape ſut qu'ils avoient mal parlé de lui chez une femme de qualité, qui prit vivement ſon parti, & le lendemain il lui envoya un préſent, en lui faiſant dire, *qu'elle avoit bien plaidé ſa cauſe, & qu'il étoit juſte de payer l'Avocat.*

Si ſes fréquentes relations avec les différentes Cours ne lui donnoient pas toujours le calme & la ſatisfaction qu'il en eſpéroit, les exemples de Madame Louiſe de France, dont il révéroit ſinguliérement la piété, le conſoloient vivement : *Plus je contemple ſa vocation*, diſoit-il, *& plus je bénis le Ciel de ce qu'une Princeſſe de ſon rang a relevé l'état Religieux qui paroiſſoit être ſur ſon déclin.*

Il sembloit, en effet, qu'on eût oublié les services importans que l'Ordre de Saint Benoît rend depuis douze siecles à la Religion & à l'Etat, ainsi que le zele des Religieux mendians, qui depuis l'an 1300, se livrent sans réserve à ce que le Ministere a de plus pénible & de plus humiliant. Chacun plus ami de la mode que de la raison se déchaînoit contre les Ordres Monastiques, lorsque le profond abbaissement d'une auguste fille du plus grand Roi, & la suprême élévation d'un simple Franciscain, prouverent visiblement que Dieu les prenoit sous sa protection.

Clément XIV savoit, comme il le dit lui-même plusieurs fois, que les ordres avoient dégénéré, parce qu'il est impossible que la ferveur se soutienne toujours au même degré; qu'une réforme ne dure que cent ans, & que même, selon la remarque d'un célebre Auteur, il y en a soixante & dix pour Dieu, & trente pour le monde; que les études tomboient de toutes parts dans les Cloîtres comme ailleurs; qu'enfin il y a trop de Couvens de Cénobites, sur-tout dans les campagnes où la dissipation entraîne une multitude d'abus: mais il étoit en même temps convaincu que la suppression totale des Religieux ne pouvoit qu'être préjudiciable à la Religion & à l'Etat; que les Monasteres sont des boulevarts contre l'ignorance & contre l'incrédulité, & que dans les temps où l'on ne savoit presque pas lire, ils fournirent d'habiles Ecrivains.

Le Roi de Prusse, écrivoit-il en 1762, *est aussi bon politique que grand guerrier & il assura toujours une existance tranquille aux Religieux qui sont dans ses Etats ; il en appelle même dans sa Capitale & près de sa Personne, parce qu'il ne se laisse gouverner ni par la haîne, ni par la prévention ; & ce qui me fait rire*, ajoutoit-il, *c'est que ce sont les hommes qui affichent le plus la tolérance, qui sont d'une intolérance extrême à l'égard des Religieux.*

L'ingénieux Fontenelle disoit un jour aux Feuillans, qui étoient ses voisins, *si vous aviez chez vous le Bal ou la Comédie, le monde ne crieroit pas contre vous. Au reste, vous l'avez outrageusement quitté, & il n'est point étonnant qu'il se venge.*

La Noblesse Romaine, relativement au flux & au reflux de ses Souverains, trop souvent ineptes au gouvernement & presque toujours trop âgés, profite de ces langueurs pour végéter dans une létargique oisiveté. Celle qui ne se destine point à l'Etat Ecclésiastique, ne connoît gueres d'autre occupation que la chasse & le jeu : & ce fut pour obvier à cet abus, que Clément proscrivit sagement les jeux de hasard.

Une femme de qualité ayant osé publiquement se mocquer de la défense, comme d'une *Moinerie qu'elle méprisoit*, le Saint Pere lui envoya un Officier, qui lui ſignifia, de la part de Sa Sainteté, de ſe mettre à genoux ſur le champ, & qui lui dit, après qu'elle eut obéi, que le Pape, en qualité de Religieux, venoit de lui impoſer la pénitence des Couvens, mais que la premiere fois il la puniroit en Souverain. *Ma la prima volte vi caſtigara da principe.*

Il eut la fermeté de Sixte-Quint, ſans en avoir la ſévérité. Lorſque le Marquis de ..... eut donné publiquement un ſoufflet au Comte de .... il le fit arrêter ſur le champ, conduire au Château S. Ange avec ordre d'y reſter ſept ans.

On lui rendoit un compte exact des peines qu'on inflige aux criminels, & on le voyoit friſſonner toutes les fois qu'il apprenoit qu'un homme avoit mérité la mort. C'eſt à raiſon de cette ſenſibilité qu'ayant ordonné que deux malheureux qu'on devoit conduire au ſupplice tireroient au ſort, afin qu'il n'y en eût qu'un d'exécuté, il fit grace à celui qui eut le point fatal, ſous prétexte *qu'il avoit condamné les Jeux de haſard.*

Ces réparties étoient vives, naiſſant toujours à propos, annonçant un eſprit qui aime à prendre l'eſſor ; on pourroit en faire un recueil, & il ſeroit à coup ſûr intéreſſant.

S'il ne donna pas à l'agriculture le reſſort dont elle a beſoin pour défricher le patrimoine de Saint Pierre, & pour le fertiliſer, c'eſt qu'il qu'il étoit pleinement convaincu qu'une pareille entreprise ne peut réussir que dans un Royaume héréditaire, ou dans un pays Républicain.

Le regne des Papes est trop court, & si un successeur a la capacité de suivre le plan de son prédécesseur, souvent il n'en a pas le temps, ou la volonté.

Il avoit des grands desseins pour dessécher des marais, dont les exhalaisons rendent le territoire de Rome mal-sain, & pour arrêter l'impétuosité de ces torrens dont la campagne de Bologne est souvent submergée : s'il ne les fit exécuter qu'en partie, c'est que des opérations de cette nature exigent beaucoup de temps beaucoup de bras, & sur-tout beaucoup d'argent.

Les louanges qu'il appelloit *l'aliment des petits esprits*, & la *friandise des faux dévots*, lui étoient insupportables. Il défendoit qu'on lui adressât aucune éloge, il vouloit même interdire tout compliment dans la chaire de vérité, & lorsqu'il échappoit à quelque Poëte ou à quelque Orateur de préconiser ses vertus, *Eh !* s'écrioit-il, *on louoit Alexandre VI, on louoit Néron* !

Que me demandez-vous, dit-il une fois à un abbé qui lui fit un beau compliment, *car on ne loue point les Souverains sans intérêt ? Ce qu'il y a de sûr, c'est que je ne vous accorderai rien, l'humilité chrétienne me dé-*

fend de recompenfer un flatteur qui travaille à me donner de l'orgueil. Dites-moi la vérité, & je vous avancerai. Ni les louanges, ni les fatyres ne changent pas l'individu, & je crains toujours qu'on ne me trompe, ou qu'on ne me joue, quand on vient m'encenfer.

Il fut autant ennemi de la repréfentation, que des éloges.

Rapproché du Frere François, qui le fervit pendant vingt-ans, ou du Pere Buontempi, il fe dépouilloit de l'extérieur impofant, comme on quitte un habit de cérémonie. Alors le Souverain s'éclipfoit, & l'on voyoit Ganganelli. Ainfi le foleil retire chaque foir fes rayons, & n'offre plus à la vue qu'un demi-jour ami des yeux.

Il faut juger de fes entretiens familiers par la maniere dont il converfoit étant fimple Religieux. L'homme fe retrouve toujours, à quelque degré que la fortune l'éleve, à moins que l'orgueil n'ait gâté fon cœur. Ganganelli fut peut-être encor plus grand dans fa vie privée que dans les actions d'éclat. Nouvelles, anecdotes, bons mots, fcience, littérature, tout étoit de fon reffort quand il falloit difcourir. Il ouvroit fon ame au doux plaifir de la converfation, & il favoit également differter avec les favans, politiquer avec les nouvelliftes, parler avec les Etrangers, avec le Erere François. *J'ai été Prince & Pape toute la journée*, lui difoit-il un foir, *& j'ai befoin* *pour n'en être pas ſuffoqué*, *de reprendre le ton du P. Ganganelli. Diſcourons comme autrefois.* C'eſt alors qu'il racontoit les choſes les plus agréables, & avec une naïveté qui déceloit un caractere excellent.

S'il appercevoit des François, il les faiſoit approcher, prenant plaiſir à répéter qu'il étoit le Pere commun de tous les Fideles, mais ſur-tout celui des François. *Principalmente queſto di Franceſi.* Il n'y eut point de Pélerin qui ravi de l'avoir vu, ne mêlât ſa voix avec celle des Romains, pour publier ſes bontés.

On dit communément en Italie qu'un *Pape ne voit la vérité que lorſqu'il lit l'Evangile.* Clément, ſans employer l'eſpinionage & la délation, la reſſource ordinaire des ames baſſes & des petits eſprits, promena ſes regards de tous côtés, & vit par lui-même ce qu'il lui importoit de connoître. Alors en Prince qui ſait régner, il récompenſoit, ou il puniſſoit : il parloit, ou il diſſimuloit. *La Providence ne m'a mis en ſentinelle*, diſoit-il, *que pour veiller attentivement ſur Iſraël.* On murmuroit de ce que ſa vigilance s'étendoit ſur tous les objets : mais il étoit convaincu qu'un Peuple n'eſt heureux, qu'autant qu'un Souverain entre dans les détails, & qu'un Pape, ſans être minutieux, ne peut être trop exact.

Cette attention tint en haleine ceux qui avoient des emplois : choſe d'autant plus néceſſaire, qu'on fraudoit impunément ſous le regne de ſes prédéceſſeurs.

Lambertini lui-même (Benoît XIV) ſemblable à tous les Auteurs qui négligent les affaires, pour ne s'occuper que de leur travail, ſavoit être un grand Docteur & ſe faire reſpecter au-dehors, ſans avoir le talent de bien gouverner ſes Etats. *Magnus in ſolio*, diſoient les Romains en parlant de lui, *parvus in ſolio.*

Corſini (Clément XII) fut dix ans aveugle, ſur douze qu'il regna, & l'on peut préſumer ſi les Tréſoriers & les Receveurs eurent alors de bons yeux.

Orſini (Benoît XIII, de l'Ordre des Freres Prêcheurs) trop ſaint pour ſoupçonner le mal, fut continuellement trompé par le malheureux Cardinal Coſcia, qui fils d'un Barbier du Royaume de Naples, s'enrichit aux dépens du Saint Siége, devint priſonnier du Château Saint-Ange, & mourut en 1755, chargé d'or & de l'indignation publique.

Les devoirs de Prince & de Paſteur ſont très-difficiles à concilier ; la politique exige ſouvent ce que la religion ne permet pas : ſi la qualité de Pape inſpire la clémence, celle de Souverain conſeille la ſévérité. Auſſi liſons-nous que Sixte-Quint fut un ſi grand Monarque, ſans avoir le zele d'un Thaumaturge, & que S. Pie fut un bon Pape, & un pauvre Prince. Ce qui fait dire à un Hiſtorien que les

Pontifes

Pontifes tirés de l'Ordre des Cordeliers, & qui furent au nombre de six, eurent tous le talent de bien gouverner, & qu'au contraire, ceux qu'on prit chez les Dominicains furent plutôt édifier.

Ganganelli fut le Pape qui rapprocha le plus ces deux qualités, par la raison qu'une piété mâle a beaucoup plus d'analogie avec la Souveraineté, qu'une dévotion minutieuse & pusillanime. Sa religion se ressentoit de la trampe de son caractere & de son génie : elle avoit de l'élévation & de la force. Sans cela, il eût souvent été arrêté dans ses opérations, au lieu que voyant tout en grand, se mettant au-dessus des rumeurs publiques, des préjugés, des événemens, il savoit être Prince & Pontife.

Les petits moyens que les ames subalternes ne manquent pas d'employer pour arriver à leurs fins, lui furent parfaitement inconnus. Quoique singuliérement au fait d'une Cour qu'on accuse d'être un dédale pour les détours & pour les sinuosités, il ne trompa les politiques, qu'en ne parlant point, ou en disant toujours vrai. Il avoit trop de droiture pour connoître les souterrains, trop de génie pour en avoir besoin.

Personne ne fit mieux que lui les choses à propos. On le voyoit attendre les momens pour n'agir ni avec lenteur, ni avec précipitation. L'heure n'est pas encore venue, répondoit-il, lorſqu'on le ſollicitoit de hâter quelques opérations. *Je me défie de ma vivacité*, écrivoit-il au Cardinal Stoppani, *& par cette raiſon je ne répondrai qu'au bout de huit jours ſur ce que votre Eminence me demande. Notre imagination eſt ſouvent notre plus grand ennemi : je travaille à la laſſer avant que d'agir. Les affaires, comme les fruits, ont leur maturité, & ce n'eſt pas lorſqu'elles ne ſont que précoces, qu'il faut penſer à les finir.*

Il en étoit de ſes lectures ainſi que de ſes opérations : il s'abſtenoit de lire, s'il ſentoit ſon ame diſpoſée à réfléchir, & comme les Souverains ſont menés par les circonſtances, & qu'il faut en conclure que tout homme eſt né pour dépendre, ſouvent il lui arrivoit de veiller une partie de la nuit, & de dormir une partie du jour. La regle eſt la bouſſole des Religieux, diſoit-il, mais le beſoin des Peuples eſt l'horloge des Souverains : à quelque heure qu'ils ayent beſoin de nous, il faut être à eux. *La buſſola di Frati è la loro regola, ma il biſogno del Popolo è l'orologio dei Sovrani.*

Cette maxime, quand il fut Pape, l'arracha ſouvent à ſes livres. Il ne lut alors que pour s'édifier, ou pour ſe délaſſer. Il prétendoit que tous les livres du monde pouvoient ſe réduire à ſix mille volumes *in-folio*, & que ceux du ſiecle n'étoient que des tableaux qu'on avoit eu l'art de laver & de rafraîchir, de la maniere la plus propre à donner dans la vue.

Il est fâcheux qu'il n'ait rien écrit, quoique plusieurs personnes lui attribuent quelques Ouvrages de Benoît XIV, & sur-tout sa Lettre Encyclique. On eût trouvé dans ses productions le flegme des Allemands, & la vivacité des Italiens : mais il étoit si persuadé qu'il y a trop d'Ecrivains, qu'il craignit toujours d'en augmenter le nombre. *Qui sçait*, dit-il un jour en riant, si le Frere François ne s'avisera point aussi d'écrire ? *je ne serois point étonné de voir quelque Ouvrage de sa façon : mais ce ne sera sûrement pas l'histoire de mes ragoûts, ou le livre sera bien abrégé.*

Quand on lui parloit des productions à la mode qui se déchaînent contre le Christianisme ; *plus il y en aura*, s'écrioit-il, *& plus on se convaincra qu'il est nécessaire.* Il observoit *que tous les Auteurs qui le combattoient ne savoient que creuser un fossé, & que c'étoit là tout ce qu'ils mettoient à sa place.* Il disoit *que M. de Voltaire, dont il admiroit la poésie, n'attaquoit si souvent la Religion que parce qu'elle l'importunoit ; & que J. J. Rousseau étoit un Peintre qui manquoit toutes les têtes, & qui n'excelloit que dans la draperie.*

Il s'expliquoit un jour sur le *systême de la nature*, & il ajoutoit : *ce qui me fâche, c'est que plus il porte ſur de faux principes, & plus, dans un ſiecle comme le nôtre, il aura de réputation & de lecteurs : on lui donnera même une nouvelle célébrité, en voulant le réfuter ſérieuſement.* Il remarquoit enſuite que l'Auteur de ce mauvais Livre *eſt un inſenſé qui s'imagine qu'en chaſſant le maître de la maiſon, il en diſpoſera comme bon lui ſemblera, ſans penſer que toutes les créatures ne peuvent reſpirer qu'en exiſtant en Dieu* : In ipſo vivimus, movemur & ſumus.

Mais chaque ſiecle ſe diſtingue par une nouvelle maniere de penſer. Après les temps ſuperſtitieux, ſont venus les jours d'incrédulité, & l'homme qui adora jadis une multitude de Dieux, affecte aujourd'hui de n'en reconnoître aucun. La vertu, le vice, l'immortalité, l'anéantiſſement, tout lui paroît ſynonime, pourvu que quelques frêles brochures lui ſervent de rempart contre le Ciel; & c'eſt dans le ſein de la vraie Religion que ces ſcandales naiſſent, & qu'ils ſe multiplient. Tandis quelle fut perſécutée par les Payens, un Pape avoit au moins la gloire & le bonheur de la défendre au prix de ſon ſang : mais aujourd'hui qu'il ne peut courir au martyre, je ſuis malheureuſement obligé d'être le triſte témoin de l'erreur & de l'impiété.

Réflexions ſublimes qu'il fit en préſence

d'un Commandeur de Malthe de qui je les tiens, & qui nous assurent qu'il fut toujours prêt à se sacrifier pour le bien de la Religion, & que dès qu'il s'agissoit des intérêts de l'Eglise, sa vie ne lui coûtoit rien.

Ce fut uniquement pour sa gloire qu'il créa de temps en temps quelques Cardinaux, sans avoir égard ni à ses liaisons particulieres, ni aux liens de la parenté.

Leur institution qui remonte au neuvieme siecle, n'eut d'autre objet que le bien & l'honneur de la Religion. Conseils des Souverains Pontifes quand ils ont besoin d'avis, ils trouverent parmi eux dans tous les temps des personnages magnanimes dont le zele & les lumieres servirent utilement l'Eglise & l'Etat. Les uns porterent jusqu'aux extrêmités du monde leur courage & leur foi : les autres, sous le bon plaisir des Rois, gouvernerent avec sagesse les empires les plus florissans. La postérité la plus reculée citera les d'Amboise, les Ximenes, les Richelieu, les Fleuri, comme le bouclier des Royaumes dont ils furent les Ministres.

Si Clément XIV ne fit point une promotion complette pendant son Pontificat, il est à présumer, ou qu'il fut gêné par les Couronnes, ou que le choix des sujets l'embarrassa. Il aura mieux aimé ne rien décider, que de faire des mécontens parmi d'anciens amis qui se flattoient d'obtenir la pourpre, & qui peut-être n'en étoient pas dignes. Les bonnes qualités qu'exige l'amitié ne suffisent pas pour être Cardinal. C'est une dignité qui influe trop sur les intérêts de l'Eglise, pour la donner au hazard.

Le moment de voir Clément, pour bien juger de son génie, étoit précisément celui, où de concert avec quelques amis, & sur-tout avec le Cardinal de Bernis, dont les différens âges furent consacrés par les époques les plus flatteuses; & par les ouvrages les plus délicats, il conféroit sur les matieres du temps, & il avisoit aux moyens de concilier les intérêts de la Religion & ceux des Monarques. Alors une profusion des lumieres produisoit le plus grand jour, & Ganganelli au centre des rayons décidoit sans craindre de se tromper. La moindre méprise eût été dangereuse. Il s'agissoit de peser les droits du Souverain Pontife, les motifs qui le faisoient agir, & de se renfermer dans les bornes qui maintiennent l'équilibre entre le Saint Pere & les diverses Puissances.

Plus les fonctions d'un Pape sont pénibles & redoutables, plus il a besoin de repos pour n'y pas succomber. Castelgandolfe, château bâti par le Cavalier Bernini, à quatre lieues de Rome, près le lac d'Albano, d'où l'on découvre les plus magnifiques points de vues, est ordinairement le séjour des Souverains Pontifes pendant la belle saison.

Clément ne manquoit pas de s'y rendre aux mois de Mai & d'Octobre, temps le plus propre en Italie, pour jouir des agrémens de la campagne; & c'est-là que pour le connoître, il falloit le voir anatomiser un insecte, analyser une fleur, parcourir les phénomenes de la nature, s'élever par degrés jusqu'à son Auteur, se faire enfin un spectacle de la terre & des cieux, ou pour rentrer en lui-même, ou pour converser familiérement avec quelques amis.

Son imagination s'exaltoit à la vue des beautés qu'offre le voisinage de Rome, au souvenir des anciens Romains qui en avoient si fiérement foulé le sol: il relisoit dans sa mémoire ce que les Poëtes dirent à ce sujet de plus sublime & de plus ingénieux. Il n'y a gueres d'Italien, pour peu qu'il soit instruit, qui ne connoisse les ouvrages de l'*Arioste*, du *Dante*, du *Tasse*, de *Pétrarque*, de *Métastase*: les femmes mêmes font leur passe-temps d'une pareille lecture, & savent dans la conversation s'en servir à propos.

Sa philosophie secondoit au mieux son imagination. Elle lui rappelloit les différentes situations de sa vie, d'abord obscure & tranquille, ensuite éclatante & vivement agitée. Tel un pilote, après avoir eu une matinée sombre & calme, se voit sur le soir entraîné tout-à-coup par un vent impétueux, accompagné de grêle & d'éclairs.

Quelquefois las d'avoir trop médité, il se retiroit avec le Frere François dans un bosquet inaccessible aux regards : ils se rappelloient bonnement des anecdotes du Cloître, & l'on eût dit à les entendre, qu'ils étoient parfaitement égaux.

Un jour, en le montrant, il répéta jusqu'à deux fois : *Il a gardé son habit, & il est plus heureux que moi qui porte la thiarre. On a voulu me faire Pape, & je crains bien* .... (il n'acheva pas) *Du reste, il faut se soumettre à ce que Dieu veut.*

Il s'entretenoit sur le même ton, lorsqu'on lui annonça des Ambassadeurs. Ils le trouverent aussi serein, que s'il n'avoit aucun nuage dans l'esprit. Aussi rioit-il sous cappe des inquiétudes qu'il donnoit aux curieux.

Ce fut pendant son séjour à Castel-Gandolfe, qu'il fit servir à quelques Grands d'Espagne un splendide repas, & qu'oubliant qu'il étoit Souverain, il vint les visiter de bonne amitié, lorsqu'ils étoient à table, ne voulant même pas qu'on se levât pour le saluer.

Le Public s'imaginoit qu'il perdoit de vue la grande affaire des Jésuites, que, selon l'usage de la Cour de Rome, il ne cherchoit qu'à gagner du temps ; & depuis le moment de son exaltation, il ne cessa de s'en occuper. Tantôt il faisoit ouvrir les archives de la Propagande, pour y voir les Mémoires du Cardinal de Tournon, de MM. Maigrot, de la

Beaume

Beaume & ceux des Missionnaires Jésuites: tantôt il se faisoit lire les accusations contre la Société, & ses apologies. Il n'y eut point d'ouvrage important, contraire & favorable à la Compagnie de Jesus, dont il ne prît une connoissance exacte; & se défiant également des éloges & des satyres, il n'alla chercher les preuves qui devoient le décider, ni chez des Critiques, ni chez des Panégyristes. Jamais homme ne fut plus impartial, se detachant de sa propre volonté, se dépouillant de tout ce qui respiroit la prévention, il jugeoit comme la postérité.

Laissez-moi le loisir d'examiner la grande affaire sur laquelle je dois prononcer, répondoit-il aux Souverains qui le pressoient de se décider. *Je suis le Pere commun des Fideles, sur-tout celui des Religieux, & je ne puis détruire un Ordre célebre, sans avoir des raisons qui me justifient aux yeux de tous les siecles, & sur-tout devant Dieu.*

Le Peuple, toujours idolâtre de sa Personne, ne cessoit de bénir son Regne, & cette persévérance fait son plus grand éloge. On sait que les Romains passent facilement de l'enthousiasme à la haine; qu'ils déchirerent plus d'une fois les Pontifes qu'ils avoient le plus désirés, & qu'un Pape, pour leur plaire, ne doit pas régner plus de trois ans. Malheureux à raison de leur oisiveté, ils esperent toujours qu'en changeant de Maître, ils seront plus fortunés : à-peu-près comme un malade s'imagine qu'il se trouvera beaucoup mieux quand on l'aura mis dans un autre attitude.

Il manqueroit quelque chose à la gloire de Clément, s'il n'eût pas contribué à l'embellissement de Rome, cette Ville si susceptible d'ornemens, si féconde en richesses propres à la décorer : mais jaloux de marcher sur les traces de Sixte-Quint, de Paul V, de Benoît XIV, il composa un *Musœum* de tout ce qui peut satisfaire la curiosité des Antiquaires & des voyageurs, c'est-à-dire, des choses les plus rares qui sortirent de la main des Anciens.

On eût dit que Rome, jalouse d'honorer son Pontificat, s'empressoit de mettre au jour des chefs-d'œuvre qu'elle recéloit dans son sein. Il n'y eut pas d'année qu'on ne trouvât en creusant, des vases, des urnes, des statues d'un prix infini, & qu'on n'augmentât de ces restes précieux la superbe Collection commencée sous Lambertini. C'est-là qu'on découvre dans un clin d'œil le triomphe de la Religion Romaine : je veux dire, les débris de tout ce qui servoit aux sacrifices des Payens, & les ruines de toutes ces divinités profanes dont les Statues ne sont plus considérées qu'à raison du ciseau qui paroît les animer.

Lorsque Clément pouvoit se dérober aux occupations qui l'assiégeoient, il visitoit ces

Monumens avec quelques Etrangers diſtingués, ou avec quelques Artiſtes fameux, plutôt en Souverain qui ſe fait un devoir d'embellir ſa Capitale, qu'en amateur qui contente ſon goût. C'eſt ce qu'il dit lui-même au Chevalier de *Chatelus*, digne rejetton de l'immortel d'Agueſſeau, par ſon eſprit & par ſon ſavoir. Après lui avoir parlé ſur différens ſujets, il ajouta, qu'étant né dans un Village, & élevé dans un Cloître, où l'on n'inſpiroit point l'amour des Arts, il n'avoit pu acquérir la ſcience néceſſaire pour juger en connoiſſeur des monumens qu'il faiſoit raſſembler; mais qu'à titre de Souverain il ſe croyoit obligé d'expoſer les plus beaux modeles aux yeux des Artiſtes & des Curieux, afin qu'on apprit à les connoître & à les imiter.

S'il ne récompenſa pas toujours les Savans, comme ils avoient droit de l'attendre d'un Pape auſſi éclairé, il ne faut s'en prendre qu'aux circonſtances. La multiplicité des affaires, le peu de temps qu'il a regné, ne lui laiſſerent pas le loiſir de s'occuper de ce qui l'auroit le plus flatté: d'ailleurs un Pape ne fait pas toujours ce qu'il veut. Il y a des incidens qui lui lient les mains. Cependant on le vit toujours attentif à ne donner des Evêchés qu'à des hommes inſtruits, & par cette raiſon il y nomma ſouvent des Religieux de ſon Ordre.

Il eſt rare qu'un Pape ne ſoit pas circonſpect ſur la nomination d'un Evêque. Il ſait que pour bien conduire un Dioceſe, il ne ſuffit pas d'être le ſel de la terre, mais qu'il faut encore être la lumiere du monde; & par ce moyen les Evêques en Italie, ſont généralement auſſi humbles que ſavans, auſſi charitables que zélés. Ils réſident exactement, & ils vivent cordialement avec leurs Curés: car il ne faut pas les confondre avec ces *Monſignori*, connus dans Rome ſous le nom de Prélats, & qui ſouvent n'étant pas même dans les Ordres, rempliſſent des Poſtes que des Laïcs pourroient occuper, & ſervent en quelque ſorte le Pape dans ſes diverſes fonctions.

Clément ne fut pas moins exact à l'égard des Nonces qu'il nomma. Il voulut que ſes Ambaſſadeurs lui fiſſent honneur par leurs mœurs, par leur ſavoir, & ſur-tout par leur amour pour la paix; & ſi, pour la Nonciature de France il choiſit Monſeigneur Doria, malgré ſon extrême jeuneſſe, c'eſt qu'il étoit aſſuré que ſes rares vertus avoient devancé ſes années, & que déja ſon mérite répondoit à la grandeur de ſon nom. Ce fut d'ailleurs qu'après la conſidération que ce Prélat s'acquit en Eſpagne, où il porta les langes bénis, que le Pape le nomma Nonce en Erance, & qu'il l'envoya comme un Ange de paix, propre à maintenir l'harmonie, entre le Chef, & le fils aîné de l'Egliſe.

La

La Religion s'étoit souvent ressentie des malheurs que cause un zele indiscret ; & ce fut pour les réparer autant qu'il étoit possible, que Clément dont la prudence régla toujours les démarches & les pensées, observa la tolérance Evangélique dont usa le divin Législateur à l'égard des Saducéens & des Samaritains ; cette tolérance qui ne voulut pas faire tomber le feu du Ciel, qui craint d'éteindre la meche qui fume encore, & de rompre le roseau déja brisé : *On ne perd que trop souvent la charité*, disoit-il, *pour soutenir la foi, sans penser que s'il n'est pas permis de tolérer l'erreur, il est défendu de haïr & de vexer ceux qui l'ont malheureusement embrassée.*

Il est naturel de croire, d'après ces traits, qu'il eût arrêté les fureurs de la Ligue, & conséquemment les excès des Catholiques & des Protestans, s'il eût regné dans ces temps de trouble & d'horreur, où le fanatisme empruntoit le langage de la Religion, pour immoler à sa rage des multitudes de Citoyens.

Jamais le ressentiment n'entra dans son ame : *Je laisse aux Bigots*, disoit-il, le *soin de tenir registre de ceux qui leur ont fait de la peine, ou qui les ont négligés.* S'il se souvint de ses ennemis, ce ne fut que pour leur donner des marques de bienveillance & d'attachement : ainsi l'Eglise dont la Providence l'avoit établi Chef, a pour maxime de pardonner, elle qui toujours combattue & toujours victorieuse, n'oppose aux persécutions que la patience & la douceur, & prie pour ceux mêmes qui osent l'outrager.

Un Pape ne doit point avoir une autre conduite que celle de l'Eglise; & c'est alors qu'on voit sur la terre une image du Ciel.

Si, outre la bienveillance naturelle que les Seigneurs Italiens ont pour leurs gens & qui les rend extrêmement affables, le Saint Pere se communiquoit volontiers, c'est qu'il présumoit que tout le monde pouvoit l'instruire: *J'ai encore plus profité*, disoit-il, *que de la conversation que de la lecture, & il n'y a personne, même du plus bas étage, qui ne m'ait appris quelque chose.*

Ainsi Marc-Aurele se disoit redevable de ce qu'il savoit, à ses parens, à ses amis, à ses voisins, à ses domestiques mêmes. Le témoignage de ces derniers en faveur de leurs Maîtres, n'est pas suspect; le plus grand homme est pour eux à découvert; & plus ils virent de près Ganganelli, plus ils l'estimerent & plus ils le chérirent.

Il avoit l'heureuse qualité de ne jamais se laisser prévenir, & la raison qu'il en donnoit, *c'est que la prévention est le défaut des Grands, & qu'il étoit né petit.* On lui faisoit peu de rapports, attendu qu'il falloit prouver ce qu'on lui rapportoit; d'ailleurs une ame élevée méprise les délateurs, & ne les écoute pas. On vouloit qu'il abandonnât un homme à talens, parce qu'il ne tenoit pas une conduite réglée, & il répondit ſagement : *Si ce n'eſt point à raiſon de ſes défauts que je lui fais du bien, mais pour ſon eſprit, je ne vois pas de motifs qui m'obligent à l'abandonner.*

Dans toutes les largeſſes qu'il fit, il n'attendit jamais ſon apologie que de ſon propre cœur, & il étoit toujours content quand il l'avoit conſulté, parce qu'il ne lui conſeilloit que de belles actions.

Les Finances étant un objet dont un Pape, à titre de Pontife & de Prince, doit s'occuper doublement, il y donna toute ſon attention. On évalue les revenus du Souverain Pontife à quatre millions d'écus Romains, ſur quoi la France lui paie annuellement, pour Bulles, pour Réſignations, pour Diſpenſes, ſix cens mille livres, & rien de plus : mais c'eſt un article, qui joint à ce que donnent les autres Royaumes, forme une ſomme importante, & qui contribue malheureuſement à entretenir la pareſſe des Romains. Les Papes, à raiſon de cet argent, ne levent preſque pas d'impôts ; & lorſqu'un peuple n'a point de taxes à payer, il tombe à coup ſûr dans l'engourdiſſement. Rome compte ſur les ſubſides qu'on lui envoie, comme Madrid ſur les gallions, & dès-lors il n'y a plus de reſſort parmi les Citoyens.

Il eſt très-important que le tréſor Pontifi,

cal ſoit exactement veillé : des Financiers, des Economes, des Adminiſtrateurs & ſur-tout des Neveux, n'y mirent que trop ſouvent une main avide, pour fournir à leurs plaiſirs, ou à leur ambition : mais Clément eut ſoin de pourvoir à ce dangereux abus. Outre qu'il paya tous les frais du Conclave où il fut élu ; qu'il acquitta quelques dettes de la Chambre Apoſtolique, & toutes celles de ſon Prédéceſſeur ; qu'il établit des manufactures ; qu'il ſut donner ſans ſavoir perdre : il ſatisfit à tous les engagemens, & l'argent ne ſervit qu'à ſa deſtination, c'eſt-à-dire, à l'entretien de la cour Pontificale & des édifices, aux frais des Nonciatures & des Miſſions, au paiement des Troupes, des Artiſtes, des Ouvriers, &c. ſans compter les Penſions que fait le Saint Siége à de pauvres Gentilshommes & à de nouveaux Convertis.

Ajoutez à ces dépenſes, celles que Clément fut obligé de faire pour la réception de la Princeſſe Douairiere de Saxe, & des Freres du Roi d'Angleterre, qui vinrent à Rome de ſon temps, pour les préſens conſidérables dont il gratifia pluſieurs Souverains, pour la multitude de Couriers qu'il leur expédia, les affaires qu'il avoit à traiter étant de nature à exiger des relations auſſi rapides que fréquentes. Rien ne fut omis de tout ce qu'il fallut accorder à la dignité du Trône, à l'éclat d'une Cour qui fut toujours majeſtueuſe, à la ſingularité des circonſtances, tandis que le Souverain Pontife, au milieu des grandeurs, vivoit en Anachorete, & paroiſſoit étranger à toute la pompe qui l'environnoit.

Mais ce qui le comble de gloire, ce fut l'oubli de lui-même & des ſiens : on ne ſait s'il a des parens, s'il eut même une patrie. C'eſt le grand Prêtre Melchiſedech, dont on ne connoît ni la famille, ni l'origine ; & à l'exemple du Sauveur du monde, il n'avoue pour ſes freres, que ceux qui accompliſſent la loi de Dieu.

L'hiſtoire du Népotiſme, l'écueil de preſque tous les Papes, nous apprend que les plus dévots, furent ceux qui enrichirent davantage leurs Neveux, & qui les éleverent aux plus grands honneurs. Ottoboni, Vénitien, qui prit le nom d'Alexandre VIII, étoit très-vieux lorſqu'il fut élu ; & en ſe hâtant de faire à ſes parens tout le bien qu'il pouvoit, il ne ceſſoit de répéter, *preſſons-nous, mes amis*, vingt-deux heures ſont ſonnées, & je n'en ai plus que deux à vivre, *vinti due ore ſono ſonate*, faiſant alluſion à la maniere dont on compte les heures en Italie, & qui forment toujours le nombre de vingt quatre, lorſque la nuit commence. (Midi, ſelon cette diſtribution, ſe trouve en hiver à dix-neuf heures, à ſeize en été, relativement au cours du ſoleil).

Albani, ſi connu ſous le nom de Clément

XI, refusa long-temps la Papauté, alléguant qu'il avoit des Neveux, & qu'il se sentoit assez foible pour les avancer. On passa sur cet aveu, tant on desiroit l'avoir pour Souverain Pontife, & il montra que les raisons qu'il alléguoit pour refuser la thiarre étoient fondées. Rome abonde en familles que les Papes comblerent de richesses & d'honneurs ; mais ce n'est ni Lambertini, ni Ganganelli qu'on citera sur cet article. Ils donnerent dans un excès tout contraire.

Les Neveux du premier étoient presque indigens, si le Roi de Sardaigne ne les eût avancés ; & ceux du dernier sont restés sous un nuage qu'on n'a point encore dissipé. Sixte-Quint même eut la foiblesse d'aggrandir sa famille, au point de la placer parmi les Princes Romains ; mais Clément ne veut appartenir qu'à Jesus-Christ, dont il est le Vicaire & l'Apôtre. Il répond lorsqu'on lui parle avec intérêt de ceux qui lui sont attachés par les liens de la chair & du sang : *Si vous me les recommandez comme parens, je les aime de toute la plénitude de mon cœur : si c'est à titre de pauvres, ils ont de quoi subsister, & l'on est toujours assez riche quand on a de quoi satisfaire ses besoins.*

Il en donna l'exemple le plus frappant, n'ayant pas même voulu une autre tabatiere que celle qu'il possédoit étant simple Religieux, & n'estimant l'or qu'autant qu'on s'en ſert pour faire des œuvres de charité.

Dur à lui-même, indulgent pour les autres, ne connoiſſant les commodités de la vie que pour s'en priver, il s'en tint exactement aux termes de Saint Paul, qui nous recommande d'uſer des choſes créées, comme n'en uſant pas.

Les Souverains qui l'affectionnoient réellement, s'intéreſſerent toujours à ſa conſervation, dans le temps même où il ne laiſſoit rien tranſpirer de ſes projets. Ils connoiſſoient ſes vertus, ils voyoient dans ſes lettres familieres l'ame la plus vraie, & le cœur le plus droit. C'étoit d'ailleurs un retour qu'ils lui devoient. Il n'y eut aucun événement triſte ou joyeux dans la plupart des Cours de l'Europe, que Clément XIV ne donnât publiquement des marques de ſa ſenſibilité. Il pouſſoit l'attention juſqu'à viſiter les Egliſes nationales aux jours qu'on y célébroit la fête des Souverains. On voyoit qu'il étoit fait pour s'aſſeoir au milieu d'eux, & que ſon ame, quoiqu'il ne s'en doutât pas, eût été mal à ſon aiſe, ſi elle n'eût regné. Tels ſont les grands hommes! leur génie ſemblable à l'activité du feu, ne cherche qu'à ſe déployer.

Il y avoit un abus dans Rome qui ſubſiſtoit depuis long-temps, & qui laiſſent aux Charlatans le ſoin de tuer impunément, ſelon leur intérêt, ou ſelon leur plaiſir. Bien-tôt on vit émaner un Edit du Souverain Pontife, qui enjoignoit à tous les Médecins approuvés, de se faire inscrire sur un Catalogue, & qui défendoit aux autres d'exercer. Le Cardinal Camerlingue fut chargé de l'exécution du decret, & l'ordre se rétablit.

Mais la circonstance où il montra plus de vigueur, fut lorsqu'il apprit qu'un certain Pierre *Andrea* avoit fait sortir frauduleusement des grains hors de l'Etat Ecclésiastique, & transporter sur les galeres du Pape même à Fiumicino. Oubliant alors sa douceur naturelle, & ne voyant que le péril où par de tels brigandages son Peuple alloit être exposé, il ne pouvoit se contenir. *Qu'on l'emprisonne*, dit-il, *qu'on instruise son Procès, & qu'on apprenne au public que c'est m'ôter la vie, que de diminuer la subsistance de mes Sujets.*

Il n'y a point de pays au monde où l'on soit aussi indulgent qu'à Rome, sur l'article des délits.

Un Pape, comme chef d'une Religion qui a horreur du sang, & comme environné d'un nombre de Cardinaux, qui tous ont des priviléges pour sauver des coupables, & qui ne les prennent que trop souvent sous leur protection, se trouve presque lié par ces circonstances, à moins qu'il ne veuille user de toute son autorité : mais il craint de passer pour cruel, & il aime encore mieux pardonner.

Ganganelli fut un peu plus sévere que ses prédécesseurs, & s'il n'eût point succédé à des regnes trop doux, on l'eût vu punir avec plus de rigueur ; il le fit connoître à l'Evêque de Malthe, en lui ordonnant de se rendre à Rome pour y subir la réprimande qu'il méritoit, comme ayant griévement offensé le Grand Maître, & comme devant aux Princes une satisfaction.

On appelloit Clément XIV, *le Pape des Souverains*, & il faut avouer qu'il les aima tendrement, & qu'il en fut sincérément aimé. Il y parut dans tous les présens dont ils ne cesserent de le combler. Le Roi de France lui envoya la précieuse Collection de toutes les Médailles qui forment l'Histoire Chronologique de ses Augustes prédécesseurs : le Roi d'Angleterre lui-même lui fit passer des choses rares, comme un témoignage de sa haute estime.

On voit à Londres parmi les grands hommes le Buste de Ganganelli, & l'on sait que lorsqu'il apprit cette nouvelle, il s'écria : *Utinam quod faciunt pro persona, facerent in favorem Religionis.* Plût à Dieu qu'ils fissent pour la Religion, ce qu'ils font pour ma Personne.

Ainsi, dans ce siecle, deux Papes en Angleterre même ont reçu les marques les plus distinguées d'estime & d'affection.

M. Pitt, parent du Ministre, voulant aussi se procurer le Buste de Lambertini, fit graver sur le piédestal : *Jean Pitt, qui n'a ja-*

mais dit de bien d'aucun Prêtre de l'Eglise Romaine, a fait ériger ce monument en l'honneur de Benoît XIV, Souverain Pontife.

Apprenons par ces exemples, que les grands hommes appartiennent à tous les siecles & à toutes les nations, & qu'on se dépouille de tout préjugé, quand il est question de leur rendre justice & de les admirer.

L'Impératrice de Russie, dont les lumieres s'étendent du nord au midi, frappée du mérite de Ganganelli, lui écrivit dans les termes les plus honorables, pour lui demander un Evêque Catholique, qui gouvernât dans ses Etats les Prélats & les Religieux du rit romain.

Le Roi de Prusse lui-même, par une prédilection marquée pour Clément XIV, lui accorda ce qu'il avoit persévéramment refusé à Benoît XIV & à Clément XIII; une permission à l'Evêque de Breslau de visiter une partie de ses Diocésains, privés depuis nombre d'années de la présence de leur Pasteur.

Il n'y eut pas jusqu'au Sultan, prédécesseur de celui-ci, Prince vraiment éclairé qui ne l'estimat : il dit un jour à l'Ambassadeur de Venise : *Si tous vos Papes étoient comme le Pontife que vous avez maintenant, nos Patriarches Grecs n'auroient pas tant d'éloignement pour la Cour de Rome : c'est un sage dont j'estime beaucoup la droiture & les lu-*

mieres, & qui ne tombera pas dans la foule.

Les Catholiques Irlandois se ressentirent de ses liaisons avec le Roi d'Angleterre. Ils ne furent point vexés sous son Pontificat, comme ils l'avoient été précédemment : c'est ce que lui dirent les Cordeliers venus d'Irlande pour la tenue du chapitre Général. Il affecta de les combler d'amitié, en dédommagement de ce qu'ils avoient soufferts pour la Foi.

On fit par ses ordres plusieurs réparations au Port d'Ancona, à celui de Civita-Vechia ; & à raison des encouragemens qu'il prodiguoit aux hommes à talens, l'on employa sous ses yeux cette fameuse machine qui détournant les eaux du Tibre, fleuve aussi profond que fangeux, donne le loisir d'y puiser de précieuses richesses. On avoit tenté ce projet sous Clément XI, & l'on n'avoit pu l'exécuter.

Mais ce qui mérite plus d'attention, c'est le soin qu'il prit de la Bibliothéque du Vatican, collection aussi volumineuse que celle du Roi de France, quoiqu'en dise le Dictionnaire Encyclopédique, & au rapport des Romains, beaucoup plus précieuse. Il l'enrichit d'estampes, de manuscrits, de médailles, que d'heureuses circonstances lui avoient procurés. On sait que cette Bibliothéque s'est beaucoup accrue par celle du Cardinal Passionei, ce Savant célebre, qui sembloit être de tous les siecles & de tous les pays, tant il étoit instruit.

En vain on demandoit des places à Clément XIV, si l'on n'avoit des talens propres à les remplir : *Il accorde peu à la naissance*, écrivoit un Ambassadeur à sa Cour, *assez aux services rendus, beaucoup au mérite reconnu. Vous ne me devez rien*, dit-il à un Cardinal qu'il venoit de créer, *mais tout à la place que vous avez occupée.*

Il y a des postes qui conduisent par eux-mêmes au Cardinalat & qu'il est important de bien remplir. Les plus petits emplois dans Rome, selon la remarque du célebre Abbé Nicolini, sont des degrés qui conduisent à de vastes palais, *& les vallées se changent en Eminences.*

Les Romains sont naturellement enclins à faire des allusions & des allégories. Leur imagination qui se ressent de la chaleur du climat, & peut-être du voisinage du Mont-Vésuve, quoiqu'il y ait de Rome à Naples quarante-cinq lieues, les provoque à d'heureuses saillies, mais trop souvent à des jeux de mots qu'ils appellent eux-mêmes des *fadeurs.*

Tandis que les esprits étoient partagés sur le sort que les Jésuites devoient subir, & que cette incertitude donnoit lieu à mille conjectures & à mille propos, le Souverain Pontife qui avoit eu le temps d'examiner par lui-même les accusations & les apologies, nommoit une commission de cinq Cardinaux, &

de

de quelques Prélats, pour l'aider dans l'exécution de ses projets.

Marefoschi connu par sa droiture, & par ses lumieres, Zelada par son esprit facile & subtil, Negroni par son bon sens & par sa fermeté, Caraffa par ses bonnes intentions, Corsini par sa candeur & par son équité, étoient les Cardinaux que le Pape avoit choisis, & qu'il avoit institués, par un Bref *de rebus Jesuitarum agendis*, pour examiner les maisons & les affaires de la Société avec tout le zele, toute l'exactitude & toute la discrétion qu'exigeoit une pareille entreprise.

Il étoit à propos de joindre aux Commissaires des Avocats, & l'on nomma ceux qu'on crut les plus propres à s'acquitter dignement de cette délicate fonction. Clément comptable de sa conduite à Dieu, à l'Eglise, au public, au siecle, à la postérité, devoit employer les formes Ecclésiastiques, Civiles & Judiciaires : sans cette précaution on l'eût accusé de ne s'être décidé que par son propre esprit ; & il falloit que l'univers fut témoin de la maniere dont il procédoit.

Chacun avoit les yeux ouverts sur sa conduite, par le vif intérêt qu'on prenoit aux affaires des Jésuites. Les uns répandoient qu'il ne pouvoit les détruire, parce que le Concile de trente les avoit approuvés : les autres soutenoient que le Concile n'avoit parlé d'eux que par occasion, tandis que Pasquin toujours causeur disoit *qu'ils periroient infailliblement, parce que la Maréchaussée de Dieu étoit à leurs trousses.*

Il n'y a point d'événemens dans Rome où la malignité ne fasse parler cette statue, & il seroit contre le costume d'écrire la vie d'un Pape, sans en rapporter quelques traits.

Le Saint Pere avoit indiqué des prieres publiques, sans déclarer précisément son intention: mais personne n'ignoroit qu'elles avoient pour objet la Compagnie de Jesus. Il prioit lui-même continuellement, se rendant presque tous les jours à l'Eglise de Notre-Dame des Victoires, afin de recevoir les lumieres dont il avoit besoin : *Multis gemitibus, & continuis precibus singulare à patre luminum exposcentes præsidium & Consilium.*

La foudre qui grondoit depuis du temps & qui demeuroit suspendue sans qu'on pût prévoir comme elle alloit éclater, rendoit la position des Jésuites plus cruelle que jamais, d'autant plus qu'ils ne passoient d'un pays à l'autre, que pour y éprouver de nouvelles disgraces.

A peine s'étoient-ils réfugiés à Avignon, que cette Ville avoit été prise par les François; & si-tôt qu'ils se retirerent en Corse, ils se trouverent, par la singularité des événemens, dans la dure nécessité d'en sortir : *lassis non dabatur requies.*

Si le Pape n'eût consulté que son cœur, il

n'y a pas de doute, comme il l'a dit : lui-même plusieurs fois, qu'il n'eût adouci leur sort : mais il s'étoit décidé par des raisons puissantes, *gravissimis adducti causis* ; & les Monarques qui demandoient leur suppression, n'étoient pas de caractere à plier.

Joseph, Roi de Portugal, jaloux de sa puissance & de ses droits, ne se croyoit point assez vengé, si l'on ne délivroit l'Eglise de ceux qu'il regardoit comme ses plus grands ennemis. Charles, Roi d'Espagne, invariable dans ses résolutions comme dans ses principes, pensoit que le meilleur moyen d'empêcher les Jésuites de rentrer dans son Royaume, étoit de les détruire. Louis, Roi de France, toujours ami des Papes & du Clergé, que Rome avoit conséquemment intérêt de ménager, se laissoit entraîner par les circonstances, qui n'étoient pas favorables aux Jésuites, & qui l'attachoient à l'Espagne plus que jamais. Charles, Roi de Naples, voyoit chez ses augustes parens un plan tout tracé, & Ferdinand, Duc de Parme, Prince déja capable de prendre un parti, ne vouloit plus dans ses Etats des hommes accusés de malversations. Il n'y avoit que les Ministres qui auroient pu rallentir le zele des Monarques. On connoît l'influence qu'ils ont sur leurs Maîtres ; mais ceux qui étoient alors en faveur, conseilloient vivement la suppression entiere de la Société, & leur suffrage avoit d'autant plus de poids, qu'ils en imposoient à l'Europe par leur crédit & par leurs talens.

Enfin l'Empereur & l'Impératrice Reine d'Hongrie consentoient à la destruction de la Société, d'après les instructions qu'on leur avoit communiquées pour les déterminer à prendre ce parti.

Tout autre Pape que Clément XIV, (eut-il même été l'ami des Jésuites) n'auroit pu se roidir contre de pareilles autorités, ou s'il eût osé l'entreprendre, il auroit exposé Rome à quelque violente tempête. Clement XIII lui-même, lorsqu'il mourut s'étoit déterminé à les éteindre, & la chose eût d'autant plus étonné, qu'il auroit fallu se déclarer contre son propre ouvrage (la Bulle Apostolicum :) *contigit ejusdem Pontificis obitus qui rei cursum exitum que prorsus impedivit.*

Saint Ignace né Gentilhomme Espagnol, devoit aux Rois d'Espagne, presqu'autant qu'à ses vertus, la propagation de son Ordre & sa Canonisation ; & le Monarque aujourd'hui regnant avoit le même attachement pour les Jésuites, que ses prédécesseurs.

Cependant il changea tout-à-coup, & au grand étonnement de l'Europe ; on le vit se déclarer leur accusateur auprès du Saint Siége, y poursuivre leur destruction avec chaleur, après les avoir tous bannis de ses Etats, presque dans un clin d'œil, & avec un secret dont les seuls Espagnols sont capables.

Selon la marche ordinaire des événemens, un changement aussi subit avoit sans doute des motifs, d'autant plus que le Roi d'Espagne fut toujours un Prince aussi Religieux qu'équitable. Les Jésuites les attribuerent à d'horribles préventions qu'on avoit données au Monarque; leurs ennemis à des conspirations; le public à la révolte survenue au sujet des manteaux.

C'est ainsi qu'on interprêta contre eux, les griefs de la France & du Portugal : les uns crurent y voir des calomnies dont on les noircissoit auprès des Souverains, & qui avoient allumé leur colere; les autres de banqueroutes & des attentats. Il n'y eut pas jusqu'aux beaux esprits du siecle, qui se persuaderent qu'on ne détruisoit la Société, *que parce que le Journaliste de Trévoux avoit osé combattre leurs paradoxes.*

Quoiqu'il en soit d'un aussi grand événement, que la postérité saura peut-être, & sur lequel nous ne saurions actuellement que conjecturer, il est à présumer que la Compagnie de Jesus n'a péri, qu'à raison de quelques Membres qui auront précipité sa chûte : car il seroit absurde de penser qu'un Corps Religieux, répandu dans tous les Pays du monde, & avec la politique rafinée qu'on lui suppose, auroit eu sous le secret, l'ordre de former au besoin des révoltes & des conspirations.

La commiſſion exerçoit ſon miniſtere, faiſoit des viſites, prenoit des informations ; & Clément paroiſſoit n'avoir d'autre affaire, que celle d'entretenir les Etrangers, & de vaquer à ſes fonctions.

On croit communément que l'exiſtence d'un Pape eſt une vie d'ennui, à raiſon de ſon éloignement pour les plaiſir du ſiecle : mais outre qu'on trouve une douce ſatisfaction à remplir ſes devoirs, lorſqu'on à l'eſprit de ſon état, tous les momens d'un Souverain Pontife ſont infiniment variés. Une ſollicitude continuelle de toutes les Egliſes, une correſpondance aſſidue avec les Souverains Catholiques, une vigilance quotidienne ſur un Peuple, dont le gouvernement exige mille détails, une ſucceſſion d'audiences, tantôt agréables & tantôt ſérieuſes, un appareil de fonctions auſſi ſaintes qu'auguſtes, un mêlange de converſation & d'étude, une alternative de promenade & de retraite, forment la vie la plus pleine & la plus diverſifiée.

Les nouvelles publiques ſont un autre genre d'occupation pour un Pape, qui, en qualité de Souverain, doit s'en affecter, & Rome eſt la ville du monde où l'on en eſt plutôt inſtruit, & où l'on en parle d'avantage. On y ſait tout par la voie des Nonciatures, par la fréquence des Couriers, encore plus par la circulation continuelle des Religieux répandus de toutes parts. *Ce ſont nos meilleurs Correſpondans*, *diſoit Innocent XII* (Pignatelli) *& ceux que nous payons le moins.*

Clément profita de tous ces moyens pour ne rien ignorer. Il lui importoit de connoître les Cours & leurs Agens, & encore plus utile de ſe les attacher. Il y réuſſit au-delà de ſes eſpérances. Le Roi d'Eſpagne le pria d'être parain de ſon petit-fils, & le Roi de Naples, qui encore irrité des procédés du dernier Pontificat, eût refuſé à tout autre Pape le tribut annuel de la haquenée & des douze mille écus Romains, laiſſa ſubſiſter cet ancien uſage, par conſidération pour Ganganelli.

Il eſt des hommes qui forcent le Public à les admirer, Clément fut du nombre. Tout à tous comme le grand Apôtre, il ſe plia ſelon les circonſtances & ſelon les beſoins. Il avoit trop étudié l'hiſtoire, il connoiſſoit trop le génie de ſon ſiecle, pour irriter les Princes & les Nations.

Quoiqu'il fût Religieux lui-même, il ſe prêta volontiers aux changemens qu'on fit dans les différens Ordres ; mais afin qu'on ne l'accuſât pas de puſillanimité, il ſut réſiſter quand on voulut détacher les Moines de ſa Juriſdiction, pour les ſoumettre aux Evêques diocéſains ; & dans une affaire importante il écrivit à un Souverain, qui lui demandoit des choſes contraires aux lumieres de ſa conſcience. *J'irai bien pour vous obliger jusqu'à la porte de l'enfer, mais je ne veux pas y entrer.*

Ses ennemis travailloient officieusement à lui enlever le cœur de son Peuple, & ils n'y réussirent pas. Les plus vives & les plus sinceres acclamations ne manquoient jamais d'éclater, lorsqu'il revenoit de Castelgandolphe. *Si quelque chose peut me consoler*, disoit-il, *au milieu des honneurs & des embarras qui m'accablent, c'est devoir le Peuple satisfait.* Il est vrai qu'il alla toujours au-devant de ce qui pouvoit lui faire plaisir, & que jugeant de ses besoins en Prince qui sait régner, il permit des réjouissances publiques que son prédécesseur avoit suspendues par un zele indiscret.

Il avoit d'ailleurs deux excellens titres pour être aimé : son affabilité qui lui gagnoit tous les cœurs, & l'avantage d'être né dans l'Etat Ecclésiastique. Les Romains conservent toujours quelque antipathie contre un Pape qui n'est pas leur compatriote : ils prétendent qu'il les gouverne moins bien que ne feroit un Pontife de leur nation ; & la raison qu'ils en donnent, c'est qu'on tient malgré soi aux préjugés du pays dans lequel on est né, ainsi qu'à la forme du gouvernement auquel on fut attaché.

Cependant ils ne peuvent disconvenir que les différens Religieux qu'on éleva à la Papauté,

pauté, ne les-aient sagement conduits, quoiqu'ils fussent de différens climats, & qu'ils n'aient beaucoup contribué à leur gloire & à leur prospérité. Aussi n'ont-ils pas oublié que les Souverains Pontifes, tirés de l'Ordre de Saint Benoît, enrichirent beaucoup le Saint siége, puisqu'il a passé en proverbe, dans Rome même, *si Benedictus non fuisset, Petrus mendicasset.*

Ganganelli répondit parfaitement à l'attente des Romains : il s'accommodoit à leur maniere d'exister & de penser. S'il paroissoit quelques pasquinades, il les laissoit courir, persuadé qu'il faudroit dénaturer les habitans de Rome, plutôt que d'arrêter leur plume & leur langue. *Ils sont comme les François*, disoit-il, *sans haine & sans méchanceté, mais incapable de retenir un bon mot.*

Cependant les affaires des Jésuites étoient à leur point de maturité, & il ne s'agissoit plus que de prononcer un jugement définitif sur leur sort. Clément redouble ses prieres, comme il le dit lui-même, & dans la confiance que l'Esprit Saint l'assiste par sa présence & par son inspiration, il médite le bref qu'il va tracer ; *divini Spiritus, ut confidimus, adjuti præsentiâ & afflatu.*

Ce n'est point ici un de ces ouvrages éphémeres qu'on lit avec curiosité, & qu'on oublie un moment après ; mais un monument qui subsistera dans la postérité, & qu'on a considéré sous différens aspects, parce que chacun juge comme il est affecté.

On s'identifie, sans s'en appercevoir, avec les principes qu'on a reçus dans sa jeunesse, avec les opinions de ceux qu'on fréquente, avec des idées de corps qu'on adopte, dans la crainte de perdre son crédit ou de se singulariser, & la vérité n'est plus qu'une chimere dont on se joue impunément. *Je parle publiquement en faveur des Jésuites*, disoit un jour *un homme en place*, *mais intérieurement je ne suis pas leur partisan.*

Malgré les précautions du S. Pere pour ne pas se tromper, il se défioit encore de lui-même, & afin qu'on n'eût point de reproches à lui faire, il communiqua son Bref à des Théologiens & à des Cardinaux des plus éclairés : il poussa l'attention plus loin, il l'envoya secrétement lorsqu'il n'étoit point encore promulgué, & aux Souverains intéressés dans la querelle des Jésuites, & à ceux même qui étoient indifférens, afin d'avoir lenr avis, & de ne pas compromettre son autorité.

Précaution sage, qui eût épargné à Rome bien des désagrémens, si elle eût toujours employé la même méthode avant de publier ses décrets.

Quand il eut reçu les réponses des Princes qui approuvoient ses résolutions, & qui lui promettoient de les faire exécuter dans leur forme & teneur, il attendit encore quelque temps, non qu'il fut intimidé des billets qu'on afficha jusque dans son Palais, & qui recommandoient le Saint Pere aux prieres publiques, comme devant bien-tôt mourir, *pregate per il Papa che presto morira*, mais parce que mille objets divers se présentoient à son esprit.

Il voyoit qu'il alloit éteindre un Ordre féconds en grands hommes, qui avoit produit dans tous les climats des Littérateurs, des Missionnaires, des Prédicateurs, des Savans, des Saints : qu'il alloit former un vuide immense dans les chaires comme dans les colleges, & qu'on auroit beaucoup de peine à remplir : qu'il alloit enfin se rendre odieux à une multitude de personnes puissantes, prévenues en faveur des Jésuites, & mêmes à des ames pieuses, qui ne les ayant connus que comme des hommes édifians, les jugeoient dignes d'un meilleur sort.

Il voyoit en même temps que leur existance avoit occasionné des troubles depuis leur berceau. *Suo fere ab initio varia dissidiorum ac æmulationem semina pullullasse* : Que les plaintes & les accusations contre la Société s'augmentoient chaque jour de plus en plus. *Auctis enim quotidie magis in prædictam Societatem clamoribus & querelis* ; que les Rois de France, d'Espagne, de Portugal, des deux Siciles, s'étoient vus forcés de les expulser de leurs Etats & qu'ils demandoient leur abolition, *Reges Francorum Hispaniarum, Lusitaniæ, ac utriusque Siciliæ, suis ex regnis socios dimittere coacti omnino fuerint & expellere*; que nombre d'Evêques, & autres Personnages distingués par leur dignité, leur science, leur religion, avoient sollicité leur suppression. *Episcopi complures, aliique viri dignitate, doctrina, Religione plurimum conspicui*; qu'ils ne pouvoient plus produire ces fruits aussi excellens qu'abondans, pour lesquels ils avoient été institués. *Prædictam Societatem Jesu uberrimos, amplissimosque fructus & utilitates afferre ampliùs non posse.*

Ce sont les propres termes du Bref, auquel je n'ajoute rien.

Il voyoit enfin qu'ils avoient eux-mêmes consenti à leur anéantissement, en déclarant sans ambiguité, par la bouche de leur Général, qu'ils aimoient mieux ne plus exister, que de subir une réforme : *Sint ut sunt, aut non sint.*

Cette réponse téméraire surprit d'autant plus, qu'ils n'ignoroient pas que l'Eglise elle-même se réforme dans ce qui concerne la discipline, & qu'ils devoient se rappeller que Benoît XIV lui-même, en parlant au Pere *Centurioni*, leur Général, lui avoit dit expressément, *il est de foi que j'aurai un successeur, mais il n'est pas de foi que vous en aurez un.*

Tant

Tant il eſt vrai que les hommes qui ont le plus d'eſprit, s'aveuglent facilement ſur leurs propres affaires, & que le crédit dont les Jeſuites jouiſſoient depuis long-temps, les avoient éblouis. *Ils ſe crurent néceſſaires*, diſoit le Cardinal Stoppani, *& ce fut leur malheur*.

Enfin Clément XIV, après avoir mûrement balancé les motifs qui les faiſoient agir, ſigna en levant les yeux au Ciel, le fameux Bref qui ſupprime à jamais la *Compagnie de Jeſus*, en date du 21 Juillet 1773. (Jour qui dans l'Hiſtoire ne ſera ſûrement pas oublié). Auſſi le bref eſt-il intitulé, *ad perpetuam Rei memoriam*.

Il ſe préſente ici une multitude de réflexions que j'abandonne au diſcernement des lecteurs, & qui ne peuvent manquer d'être judicieuſes, pourvu que l'eſprit de parti ne s'en mêle pas. Il eſt d'autant plus dangereux, qu'il prend toutes les nuances du zéle, & qu'en ſe déguiſant aux yeux mêmes des hommes les plus dévots, il leur fait ſouvent perdre la charité.

Si-tôt après cette mémorable opération, le Saint Pere commit le Cardinal Malvezzi, Archevêque de Bologne, pour ſéculariſer les Jéſuites qui ſe trouvoient dans ſon Diocèſe; & ce Prélat dévot de ſon enfance, tourna contre eux ſa dévotion, en les pourſuivant avec zele. Une réſiſtance mal entendue de la part d'un Recteur, accoutumé à ne recevoir que des respects & des hommages, leur attira cette cruelle disgrace.

Bientôt les Evêques de l'Etat Ecclésiastique eurent la même mission, tandis que le Cardinal Marefoschi obéissoit volontiers aux ordres du saint Pere, en faisant rendre compte aux Jésuites de leur administration, & en les expulsant de leurs propres maisons.

Les portes s'ouvroient, les papiers étoient mis en sequestre (du moins ceux qu'on avoit laissés) & après les éclaircissemens qu'on désiroit, les Jésuites, qui depuis long-temps prévoyoient le malheur dont ils étoient menacés, évacuoient la place, & abandonnoient les colleges & les revenus.

On avoit scrupuleusement examiné le Séminaire Romain, qui comptoit parmi ses éleves quatre souverains Pontifes une multitude de Cardinaux, d'Evêques & de Généraux d'armées, & qui étoit sous la direction de la Société depuis deux cents ans. Si l'on trouva nombre d'erreurs dans la maniere dont le temporel étoit administré, c'est qu'il faut convenir que ces Jésuites, qu'on croyoit si éclairés sur leurs propres intérêts, n'avoient pas le talent de la gestion. Leurs Procureurs étoient souvent incapables, ou du moins négligens.

Ce fut un coup atterrant pour les amis des Jésuites, lorsqu'ils virent qu'on leur ôtoit l'instruction de la Jeunesse, & que ce fameux

Séminaire Romain, qui leur donna si souvent occasion de manifester leurs talens, & qui leur procura tant de protecteurs & d'amis alloit leur être enlevé. Bientôt la foudre s'alluma de tous côtés, & l'incendie qu'elle excita, jetta Rome dans la stupeur.

Le 10 Août, sur les neuf heures du soir, le Prélat Macedonio, Secretaire, & le Prélat Alfani, Accesseur de la Congrégation des Cardinaux, se rendirent à la Maison Professe des Jésuites, le Prélat Sersale à celle du College Romain, le même Prélat Alfani à celle du Noviciat, le Prélat Archetti au College Germanique, le Prélat Rigati à celui des Grecs, le Prélat Porta à celui des Maronites, le Prélat Passionnei à celui des Ecossois, l'Avoçat Zuccari à la Pénitencoria, l'Abbé Diogini à l'Hospice des Jesuites expulsés de Portugal, enfin l'Abbé Foggini au College des Anglois.

Chacun de ces Commissaires rendu à sa destination, accompagné d'un Notaire, de trente Sbirres, d'un piquet de Soldats, fit ouvrir les portes, assembla tous les Jésuites de la maison, leur lut le Bref d'extinction, leur annonça que la Chambre Apostolique leur fourniroit à chacun un habit de Prêtre séculier, qu'on payeroit le voyage de ceux qui voudroient quitter Rome, qu'on leur remmettroit leurs livres & leurs effets, & qu'on leur donneroit des pensions.

Le Général Ricci, ce prétendu despote, qu'on a peint sous toutes sortes de couleurs, & qui ne montroit alors qu'une morne pâleur, se contenta de répondre : *Je m'attendois bien à une réforme, mais non à une extinction. La volonté de Dieu soit faite.* Alors on le transfera au College Anglois, & chacun ne put se persuader qu'il n'eût pas prévu la ruine de sa Compagnie.

Cette importante expédition consommée, tous les Commissaires se réunirent au point du jour chez le Cardinal Caraffa, ou la Congrégation étoit restée assemblée la nuit, & rendirent compte de leur mission. On avoit signifié l'ordre de l'Empereur aux assistans Allemands, pour leur ôter tout prétexte de résister.

Il échappa quelques larmes au Souverain Pontife, qui ne s'étoit pas couché, lorsque le Prélat Machedonio, vint lui annon-à deux heures après-minuit, que ces ordres avoient été ponctuellement exécutés.

Il dut en coûter à son cœur naturellement compatissant : aussi disoit-il qu'il fut à la torture pendant qu'on signifioit aux Jésuites ses dernieres volontés.

Ainsi un Franciscain détruisit dans un instant l'ouvrage de plus de deux siecles ; une Société cimentée par la Religion, par la politique, par la protection d'une multitude de Pontifes & de Souverains ; une Société qui, par son crédit, comme par son étendue, sembloit devoir durer autant que l'Eglise même.

Ainsi périt un corps qui donna tant d'ouvrages, contre lequel on a tant écrit, qui par ses relations dans toutes les Cours de l'Univers, ne pouvoit manquer d'opérer du bien & du mal; qui, pour vouloir trop soutenir la Cour de Rome, la rendit souvent suspecte, & se rendit lui-même odieux: un corps dont les Membres, maintenant dispersés, méritent qu'on s'intéresse à leur sort, d'autant mieux que la reconnoissance doit leur attacher une multitude de Disciples, & que Clément XIV lui-même nous dit dans son Bref, qui les aime tous dans le Seigneur avec une tendresse paternelle : *Singulares personnas paterne in Domino diligimus.*

Il ne fut capable ni de haine, ni de prévention : de sorte que s'il détruisit la Société: il s'y crut obligé. *On se trompe*, disoit l'Ambassadeur d'un grand Prince, *si l'on s'imagine que Clément XIV est un Pape qu'on fait agir comme on veut : nous l'avons trouvé inébranlable dans l'occasion, & quelque chose qu'on lui dise, il ne se détermine qu'après avoir murement réfléchi.*

Tout ceux qui connurent Ganganelli rendirent justice à la pureté de ses intentions, tandis que les libelles les plus affreux le représenterent comme un *simoniaque*, un *tiram* un *usurpateur*, qui ne tourmentoit les enfans d'Ignace, que pour s'approprier leurs biens, & pour complaire à des Souverains injustement prévenus.

Le fanatisme répandoit ses ouvrages de ténebres jusques dans les communautés, les distribuoit sous le manteau, en inondoit l'Italie. Le Pape avoit une piété trop magnanime pour en vouloir à ces Ecrivains obscurs, aussi sacrileges qu'audacieux; mais il devoit les punir en qualité de Souverain, comme des révoltés contre le Chef de l'Eglise, & qui pouvoient exciter quelqu'emeute.

Cela aggrava le joug des Jésuites, qu'on soupçonnoit être les Auteurs de pareils libelles, tandis qu'en soupirant ils jettoient un dernier regard sur la magnifique Eglise du grand Jesus, où une piété superbe avoit prodigué les diamans, l'or & l'azur.

Les uns, dans ce premier moment de trouble & de confusion, se réfugierent chez des parens; les autres chez des voisins. Il y en eut même qui, dans la consternation dont ils étoient saisis, demanderent l'hospitalité à leurs plus grands ennemis; & l'obtinrent sur le champ. Eh! qui eut été assez dénaturé pour leur refuser un pareil secours! Ce fut alors que Pasquin dit, en parlant du Pape: *Et divites dimisit inanes.*

C'étoit une fermentation dans tout l'Etat ecclésiastique, comme en Toscane du temps des Guelphes & des Gibelins; chacun prenoit parti selon qu'il étoit affecté; & il falà tout heure des ordonnances, des visites, des Sbirres ; pour arrêter les excès qu'on auroit commis. Des Religieuses mêmes, du fonds de leur retraite, oserent recéler des effets, s'exhaler en invectives contre le Souverain Pontife, former des partis : & des Prélats, le glaive de l'excommunication en main, furent obligés d'aller au sein de la nuit dissiper les factions de ces Vierges folles, rétablir la paix ; & ce qu'il y avoit peut-être encore de plus difficile, faire observer un silence rigoureux.

Des Seigneurs absolument dévoués à la Société qui s'éteignoient, moins peut-être par respect pour le Pape, que par la crainte des Souverains, n'osoient éclater ouvertement : mais ils cabaloient en secret, & Ganganelli n'opposoit que sa qualité de Juge Souverain & ses lumieres, pour lutter contre un pareil déchaînement.

On connoît un pilote au sein de la tempête. Plus les flots s'agittoient, plus le Saint Pere paroissoit tranquille. Il régloit avec une présence d'esprit admirable tout ce que la Commission devoit exécuter ; & sa prévoyance s'étendoit tantôt sur le College Anglois pour y arracher des aveux du Général & des assistans, tantôt sur les maisons vuides, pour les repeupler de différens Religieux.

Le Cardinal d'Yorc qui avoit toujours donné les plus grandes marques d'estime &

d'amitié aux membres de la Société, les abandonna sur le champ, & on le vit aller à Frescati, dont il est Evêque; pour les en expulser par ordre de sa Sainteté.

Il n'y avoit rien de plus agréable que leur maison de campagne. Outre qu'elle participe à l'heureuse situation de Frescati, elle a des beautés de détail, soit dans les dehors, soit dans l'intérieur, qui excitent la curiosité des Voyageurs, C'étoit-là que les Jésuites Portugais se réfugierent, & d'où il fallut les arracher, quand le signal fut donné. Le College de la Ville ne fut pas plus épargné : après avoir subi les formalités requises en pareilles circonstances, il passa dans d'autres mains; ce qui amuta les habitans du lieu, & ce qui les engagea à présenter au Cardinal d'Yorc une Requête pleine de fiel & de vigueur : mais toute plainte fut inutile, ils devoient périr. Rome avoit parlé : *Roma locuta est*.

On transfera par ordre du Saint Pere l'ex-Général accompagné de ses assistans, & de plusieurs autres ex-Jésuites, au Chateau Saint-Ange, après lui avoir fait signer une lettre circulaire adressée à tous les Missionnaires de la Société, par laquelle il leur apprend que sa Compagnie est enfin suprimée, du consentement de tous les Princes Catholiques, & il leur enjoint d'obéir aux Evêques dans les Dioceses desquels ils se trouvent.

Tel

Tel un torrent majeſtueux, après avoir roulé ſes eaux avec fracas ; diſparoit tout-à-coup, & n'offre plus à la vue que quelques ruiſſeaux épars dont le murmure ſe fait encore entendre, mais dont le cours s'interrompt inſenſiblement.

Ce fut un nouveau travail que la recherche des papiers, des titres, des tréſors, des dépôts : on multiplia les interrogatoires, les menaces, les coups d'autorité. .... & par ce moyen on recouvra beaucoup d'effets dont la trace ſe perdoit. L'ex-Général fut ſouvent interrogé, & il ne dit preſque rien, où du moins que des choſes vagues qui ne donnoient aucune indication.

En conſidérant le triſte état d'un homme ſi fameux par ſa place, reſpectable par ſon nom & par ſes années ; on eſt tenté d'accuſer le Pape d'une trop grande ſévérité ; mais il faut obſerver qu'on ne peut juger d'une affaire lorſqu'on ne la connoît pas, & qu'on doit préſumer que le Saint Pere eut ſans doute des raiſons pour agir avec tant de rigueur. La plus légere indiſcrétion ſur le compte des Manarques, & de la part d'un Chef d'Ordre eſt quelquefois un péché capital. C'eſt l'hiſtoire des circonſtances qui aggravent ou qui diminuent notablement les fautes. Il eſt probable qu'un Général, déſolé de voir ſon Corps anéanti, aura pu s'échapper en propos. Ce qu'il y a de ſûr, c'eſt que l'infortuné Ricci s'eſt toujours montré comme un perſonnage inférieur à ſa place, & qu'avec plus de tête il auroit pu ſauver au moins une partie de ſa Société.

Le Pape adreſſa ſon Bref à tous les Evêques Catholiques, leur enjoignant de s'y conformer. Il eſt entierement ſemblable à celui qui ſupprime les *Templiers*, les *Oblats*, les *Jeſuates*, les *Humiliés*. Auſſi a-t-il ſoin de dire, toutes les fois qu'il rappelle ces époques : *In forma Brevis noſtri.*

Rome a ſes Archives, où ſont conſignées les formules de toutes les Bulles & de tous les Brefs, ainſi que la maniere de procéder à leur promulgation, & jamais elle ne s'en écarte. Si Clément ne conſulta pas tous les Evêques & tous les Cardinaux, c'eſt qu'il ſuivit exactement la marche de ſes Prédéceſſeurs qui éteignirent des Ordres Religieux.

Pie V, Urbain VIII, Innocent X, Clément IX ne demanderent point le conſentement des Paſteurs, lorſqu'ils donnerent des Bulles d'iſtinction, par la raiſon, comme le diſent tous les Canoniſtes, que le Souverain Pontife a droit d'approuver & de ſupprimer les Corps Réguliers, ſur-tout lorſqu'il eſt d'accord avec les Monarques. Clément V détruiſit les Templiers, quoique le Concile Général de Vienne n'eût pas voulu prononcer ſur leur ſort ; & Clément XIV dit dans ſon Bref de la maniere la plus préciſe &

la plus énergique, que Dieu la établi sur les Nations & sur les Royaumes, afin que dans la culture de la vigne du Seigneur, il arrache, il détruise, il perde, il édifie, il plante : *Quinimo probè scientes divino nos Consilio constitutos fuisse super gentes & regna, ut in scolenda vinea Sabahot, evellamus & destruamus, & disperdamus, & dissipemus, & ædificemus, & plantemus.*

Quand il apprit qu'on lui reprochoit de n'avoir pas consulté l'Eglise universelle sur l'abolition de la Société, il répondit *que si Paul III ne prit conseil que de lui-même en l'approuvant ; Clément XIV étant surtout de concert avec les Souverains, n'avoit pas besoin de prendre des avis en la supprimant.*

Je sais bien, ajouta-t-il, *qu'il y a nombre des personnes, & surtout des dévots, qui pour ne pas avaler un moucheront avalent un chameau, en ce qu'elles aiment mieux croire que des Souverains Catholiques, & le Chef même de l'Eglise, ont agi avec injustice & fureur, que de supposer les Jésuites coupables de la moindre faute : comme si le préjugé n'étoit pas en faveur des Juges, & comme si ce n'étoit pas une témérité sacrilege, que d'accuser le Souverain Pontife sur de faux prétextes.*

C'est ainsi qu'il parla au Cardinal Lanti, grand ami de la Société, & qui fut frappé des réflexions du Saint Pere : elles étoient justes. On peut être sincerement attaché aux Jésuites, & se persuader que Clément XIV s'est vu forcé de les détruire, & qu'il en avoit le pouvoir. Personne ne s'est avisé de lui contester ce droit, lorsqu'il a supprimé l'Ordre des Grammontains.

On ne savoit comment interprêter un placard qui lui fut adressé, & qui ne contenoit que ces quatre lettres *p. s. s. v.* lorsqu'il dit lui-même sur le champ & d'un ton intrépide, cela signifie, que le Siege sera bientôt vacant : *Præsto sara vacante.*

Ce ne fut pas une petite consolation pour le Saint Pere, au milieu de ces événemens, que le retour d'un Primat, d'un Patriarche, de plusieurs Prélats, les uns hérétiques, & les autres schismatiques, qui lui écrivirent, afin qu'il les reçut dans son sein. Frappez des vertus de Ganganelli, dont le nom pénétra jusques dans les régions les plus éloignées, & tourmentés par des justes remords, ils reconnurent enfin que l'Evêque de Rome est le Chef de l'Eglise, & que sa primauté est de droit divin. Plût à Dieu ! s'écria le Saint Pere, en recevant leurs lettres, que toutes les Communions séparées suivissent un pareil exemple : je consentirois bien volontiers à mourir sur le champ, *e jo darei presto la mia vita.*

Il n'est pas facile d'imaginer combien il fallut

fallut de démarches, de colloques, de perquisitions avant de recouvrer tous les effets de la Société. Ils étoient dispersés chez tant de personnes différentes, dans tant des pays divers, qu'on put employer tous les moyens possibles pour les découvrir. Il étoit assez naturel que des hommes qu'on chassoit de leurs propres foyers, qu'on dépouilloit de tout, qu'on poursuivoit avec chaleur, sauvassent au moins quelque débris.

La captivité de l'ex-Général, ainsi que celle des Assistans, devenoit plus ou moins rigoureuse, selon qu'on étoit content de leurs dépositions. Cependant on trouva le fil du labyrinthe qu'on jugeoit impénétrable, & l'on sut à quelque chose près, quelles étoient les richesses de la Société. Les uns les grossissoient; les autres les diminuoient, & de ces différens calculs, il résulta que la Compagnie de Jesus avoit de gros biens, mais qu'elle n'avoit pas des trésors.

Il y a si peu de personnes capables de modération, qu'on doit se tenir en garde contre la plûpart des récits.

Le Saint Pere, malgré tout l'embarras que lui causoit une affaire si importante & si compliquée, n'interrompoit ni ses exercices spirituels, ni le cours des audiences, ni celui des relations. On eût dit qu'il avoit deux ames, l'une pour les grandes choses, l'autre pour les détails. Dans tous les rapports que lui faisoit la Commission, il saisissoit dans un moment tous les objets, & il trouvoit une prompte solution à toutes les difficultés.

Si l'on s'écartoit des regles de la modération en poursuivant les prisonniers ou les expulsés avec trop de chaleur, il disoit : *De la fermeté, mais de la douceur & de l'honnêteté. Ceux que nous supprimons sont nos freres, & je dois comme Pere des Fideles, & comme Religieux, les plaindre, & avoir des égards pour leur situation.*

Cependant il falloit de temps en temps user de rigueur, pour mettre hors d'état d'écrire & de cabaler, ceux qui ne pouvoient se contenir : un Corps nombreux est composé de tant d'esprits différens, qu'il est impossible qu'ils soient tous également patiens & circonspects.

Si plusieurs personnes, sincerement attachées au Souverain Pontife, lui conseillerent de doubler sa garde ; & s'il le fit réellement, c'est qu'il est de la prudence de prendre des précautions, toutes les fois qu'il y a des murmurateurs & des mécontens.

Cependant les Bref du Saint Pere s'exécutoit de toutes parts, malgré les petites résistances qu'il éprouva dans quelques pays. La Pologne elle-même, où les Jésuites furent toujours dans un grand crédit, se vit contrainte d'accéder aux volontés du Pape & des Souverains qui venoient de les supprimer.

On dit alors que ſa Sainteté écrivit à l'Empereur, pour engager le Roi de Pruſſe à ſuivre le même plan ; mais ſoit que ce Monarque s'y conforme, ou non, les membres de la Société ſont trop inſtruits de leurs obligations, ils ont trop fait valoir l'autorité de Rome dans toutes les circonſtances, pour oſer ſe roidir contre la déciſion abſolue du Souverain Pontiſe, & pour braver ſes anathêmes.

Le Cardinal Marefoſchi ; à raiſon de quelques démêlés avec le Cardinal Zelada, pria le Saint Pere de recevoir ſa démiſſion touchant les affaires des Jéſuites, & le Pape, malgré lui acquieſa à ce qui deſiroit.

Plus les événemeus donnoient de la célébrité au Pontificat de Clément XIV, & plus on ſouhaitoit avoir une juſte idée de ſes vertus, de ſon génie, de ſa figure même. On aime à voir les grands hommes juſques dans les moindres linéamens. La Sorbonne demanda ſon portrait, & il crut malgré ſa modeſtie devoir donner cette marque d'eſtime à une Ecole fameuſe de ſon berceau.

Outre que le Portrait d'un Savant ne peut-être mieux placée que dans le centre de la ſcience, Ganganelli ſembloit être fait pour regarder Lambertini, & ces deux illuſtres Pontifes, en ſervant d'ornement à la Sorbonne, encourageant tous ceux qui la fréquentent à imiter leur amour pour le travail.

Il étoit écrit que Clément passeroit dans l'agitation les jours de son Pontificat. Il fut encore moins tranquille après l'abolition de la Société. Outre les mouvemens qu'il fallut se donner pour remettre l'ordre & la paix, il étoit nécessaire de pourvoir sur le champ à l'instruction de la Jeunesse, & de remplir les Colléges, en y plaçant des hommes capables d'enseigner, & d'édifier.

Le Pape alors, comme s'il n'eut eu que cette seule affaire, se renferma quelques jours, consulta sa mémoire & son génie, prit une plume, traça un plan d'éducation digne des plus grands Maîtres, jetta un coup-d'œil rapide sur des Prêtres & des Religieux capables de remplacer les Jésuites pour l'exemple & pour les talens, les fit appeller, les institua Professeurs, & Rome étonnée ne s'apperçut presque pas qu'il y eût quelque intervalle entre les Ignatiens & ceux qui leur succédoient. On vit les Ecoles s'ouvrir, dans le moment même où le public les croyoit fermées pour long-temps.

Le S. Pere ne se borna point à cet objet. L'Université de Ferrare prit par ses soins une nouvelle forme & un nouvel éclat, & elle ne fut plus une triste solitude.

Les Missions offroient beaucoup plus de difficultés. Peu de personnes ont le zele & la force de Saint François Xavier, pour courir aux extrêmités du monde, & pour catéchiser des Idolâtres ; & c'eſt ce qui occupa ſérieuſement le Souverain Pontife. Les Indes ſont un pays qui exige des Miſſionnaires actifs, éclairés, uniquement occupés du ſalut des ames. Les Jéſuites depuis leur origine étoient en poſſeſſion d'y aller exercer leurs talens, & par leur ſuppreſſion, cette ſource tariſſoit.

Le Pape chargea la Propagande de remplacer les abſens, en attendant qu'on y pourvût plus efficacemeut. On ne répare pas des breches ſur le champ, & il pouſſa le zele ſi loin ſur ce point, qu'à la réquiſition de M. l'Evêque de Ceram, Vicaire Apoſtolique & Coadjuteur de Tonquin, qu'il affectionna toujours ſincérement, il écrivit le Bref le plus tendre & le plus paternel à M. George Alary, des Miſſions Etrangeres, pour l'arracher à la Trappe, où il s'étoit confiné, & pour l'engager à reprendre ſes travaux apoſtoliques, en retournant aux Indes, où il avoit paſſé dix ans.

La réconciliation entre le Pape & le Duc de Parme, ne pouvoit manquer d'avoir lieu : ils s'écrivirent réciproquement les lettres les plus affectueuſes, & chacun fut pleinement ſatisfait.

Dèsque les Cours de Verſailles & de Naples eurent remis au Saint Siége les domaines qu'elles avoient ſequeſtrés, Sa Sainteté pénétrée de reconnoiſſance, remercia l'Infant de ſes bons offices, comme ayant interpoſé ſa médiation auprès des Couronnes.

C'eſt à tort qu'on accuſa le Pape de n'avoir pas agi en bon politique en reprenant Avignon, ſi-tôt après la ſuppreſſion, de la Société. Comme il n'y avoit rien de commun entre la deſtruction des Jéſuites, & la reſtitution du Comtat Venaiſſin, il étoit tout ſimple que l'affaire de Parme, qui avoit occaſionné ſa priſe, venant à s'accommoder, il retournât au Saint Pere ; mais il y a peu de perſonnes qui ſaiſiſſent les choſes dans leur point de vue.

Le Pape, après avoir annoncé en plein Conſiſtoire la reddition de ſes domaines, fit chanter un *Te Deum*, auquel le Sacré Collége aſſiſta, & le ſoir toute la Ville, ſi ſuſceptible de décorations, fut magnifiquement illuminée. Ce n'eſt pas qu'Avignon ſoit d'un grand produit pour la Cour de Rome, elle n'en retire preſque rien : mais les Romains ſe ſouvenant toujours de leur ancienne origine, aiment à poſſéder de vaſtes domaines, & à conſerver pour les Souverains Pontifes un aſyle en cas de beſoin.

La République de Veniſe déſirant depuis long-temps la ſuppreſſion de pluſieurs Fêtes, pour donner un libre cours aux travaux journaliers, préſenta une requête au Saint Pere, afin qu'il entrât dans ſes vues. Le Pape qui connoiſſoit parfaitement l'abus que le Peuple fait des jours les plus ſaints, par des excès immodérés, acquieſça aux deſirs des Vénitiens. Les Fêtes ne ſont utiles qu'autant qu'on les célebre avec dévotion, & ce n'est pas en connoître l'esprit, que d'entretenir, en les chomant, la misere & l'oisiveté.

Il parut alors un Edit du Saint Pere, aussi sage que nécessaire, pour empêcher les Vagabonds de séjourner dans l'Etat Ecclésiastique, & pour obvier aux désordres que des gens sans aveu peuvent commettre. La mendicité fut toujours une pépiniere de vices, surtout en Italie, où des charités à tort & à travers ne font que les entretenir.

A mesure qu'on recouvroit de l'argent, ou des billets provenans de la succession des Jésuites, dont les Souverains avoient droit de disposer, le Pape les appliquoit à des œuvres-pies. On prit à Bologne seize mille écus de rente sur les biens qu'ils avoient laissés, pour les appliquer à l'Hôpital des Orphelins. Quant aux ornemens d'Eglise, où ils resterent dans les Temples appartenant, ci-devant à la Société, où le Saint Pere en fit présent à des Communautés. Il envoya six Chandeliers d'argent & un superbe Crucifix, pesant cinq cens marcs, à Madame Louise de France, afin que la décoration extérieure de l'Eglise des Carmélites de Saint-Denis, répondit à la piété pure & sublime de cette Auguste Princesse.

Il donna une somme considérable pour finir l'Eglise des Catholiques Romains, que le Roi de Prusse a permis de bâtir à Berlin, sous l'invocation de Sainte-Hedwige, & il ordonna qu'on fît des réparations & des embellissemens à l'Eglise des Saints Apôtres, afin que le Couvent de Rome, qu'il avoit habité, se ressentit de ses largesses.

L'ostentation n'eut jamais de part à ses libéralités; & bien différens de certains Papes, qui ont fait inscrire leur nom jusque sur les moindres pierres qu'on remua par leur ordre, il eût voulu s'ensévelir lui-même dans l'oubli. On sait qu'il ne prit pas d'autre écusson que celui des Franciscains & de Sixte-Quint; voulant apprendre à tous les siecles qu'il nâquit d'une famille ordinaire, & que ce fut à l'Ordre de Saint François qu'il dut son élévation, & sa grandeur. *Le faste*, disoit-il, *est le partage des petites ames, & je ne comprens pas qu'on ait pu mettre de la vanité, à rassembler quelques feuilles de clinquant pour éblouir les yeux.*

La mollesse ne lui fut pas moins odieuse. On le vit braver, étant à cheval, un orage qui l'inonda, dans le temps qu'il alloit en grande cérémonie du Palais Quirinal à la Minerve, & que toute la Prélature Romaine se dispersoit pour chercher des abris. Il s'agissoit d'une fondation qui s'acquitte tous les ans, le 25 de Mars, dans l'Eglise des Dominicains, où une Confrairie, connue sous le nom de l'Annonciation, dotte des filles pour le mariage & pour le célibat, en leur laissant l'alternative de se faire Religieuses, ou de s'établir.

Le Pape, de retour, rit beaucoup de son courage, & de la pusillanimité de ceux qui l'accompagnoient. *Ils ont prouvé*, dit-il, *que les troupes du Pape craignent réellement la pluie. Pour moi je ne redoute ni le fer, ni l'eau, ni le feu, quand il s'agit de mon devoir.*

Rome, en possession d'avoir de grands Jubilés depuis Boniface VIII, qui les institua en 1300, & qui les fixa d'abord à tous les cent ans, & que ses successeurs mirent par la suite à cinquante, enfin à vingt-cinq, entrevoyoit 1775 comme la date de ce grand événement. C'est une solemnité à laquelle on se prépare de loin, & par les provisions de grains qu'il faut amasser, & par les missions qu'on doit instituer, à dessein de préparer les cœurs & les esprits.

Dès le jour de l'Ascension 1774, le Saint Pere se rendit pompeusement au Vatican, escorté d'une partie de ses troupes, & de tout le magnifique cortege qui l'accompagne, lorsqu'il sort *in fiochi*, c'est-à-dire, en grande cérémonie. Les trompettes, les hautbois, les tambours, les cloches, les canons annonçoient sa marche. On avoit dès la veille affiché de toutes parts des avis qui indiquoient cette éclatante solemnité. Après que le sieur Manassei, pro-Notaire Apostolique, Chanoine de l'Eglise de Saint Jean de Latran, eut lu à haute-voix la Bulle d'indication, le Saint Pere, à la magnifique gallerie de la Basilique de Saint Pierre, qui donne sur la grande place, bénit solemnellement un Peuple immense, au milieu du bruit des acclamations & des instrumens, qui faisoient retentir l'air de toutes parts. Ce spectacle se répete tous les ans le Jeudi Saint, quoiqu'il n'ait pas le même objet, & il est si superbe & si attendrissant, que le fameux Misson, connu par son attachement au Protestantisme, & encore plus par son voyage d'Italie, disoit : *je suis Catholique dans ce moment-là.*

Le Saint Pere, après avoir quitté ses habits Pontificaux, revint au Palais Quirinal, autrement Monte Cavallo, séjour que les Papes habitent depuis long-temps, à raison de la salubrité de l'air, & où le fameux le Notre traça les plus magnifiques jardins, lorsqu'il fut envoyé à Clément XI par Louis le Grand.

C'est dans cette occasion, que demandant au Pape, pour toute récompense, des Passions, comme n'en ayant plus à son âge, le Saint Pere lui répondit, en riant, qu'il en avoit quatre à lui offrir, & il lui fit donner le Passion selon Saint Luc, Saint Marc, &c.

On commença des Missions pour préparer au Jubilé universel, dont le but est d'exciter les Pécheurs à sortir de leur létargie, & dont les fruits occasionnent toujours des restitutions. Rome alors ſemble reprendre un nouvel être, à raiſon des Etrangers qui s'y rendent de toutes parts, & qui, malgré le dépériſſement des mœurs & de la foi, y paroiſſent humiliés & contrits. L'ouverture qu'on y fait de la Porte Sainte, eſt une cérémonie ſymbolique, qui annonce que l'Egliſe a le pouvoir des clefs; & comme cette époque s'inſcrit dans les faſtes de l'Egliſe Romaine & ſe grave ſur des médailles, les Papes aiment à voir ce mémorable événement pendant leur Pontificat.

Auſſi les ennemis de Clément XIV (car il étoit trop grand homme pour n'en pas avoir) crurent le mortifier, en affectant de répandre qu'il ne verroit point le Jubilé : il y eut juſqu'à des Viſionnaires qu'on fit parler, afin d'accréditer aux yeux du Peuple un pareil bruit, & de lui donner un air de prophétie.

On appercevoit les fanatiques qui ſe tenoient derriere le rideau, tant il étoit clair, pendant que les dévotes qu'on mettoit en jeu, expliquoient l'avenir.

Cependant la Santé du Saint Pere, qui fut toujours brillante & vigoureuſe, commençoit à s'altérer, & ſon viſage qui ſembloit avoir pris une nouvelle carnation depuis ſon Pontificat, ſe décoloroit inſenſiblement : ce fut au mois d'Avril 1774, qu'on apperçut des ſymptômes de langueur.

Mais le Pape lui-même ne ſentit réellement

ſon mal, que lorſqu'il apprit la mort de Louis XV. La douleur que lui cauſa cette triſte nouvelle, qu'on n'oſoit lui annoncer, le jetta dans un abattement dont il n'eſt pas revenu. On fit dans l'Egliſe nationale de Saint Louis de ſuperbes obſéques, pour honorer la mémoire du feu Roi, & Sa Sainteté ne manqua pas d'y aſſiſter. On remarqua même qu'il lui échappa quelques larmes pendant cette pompeuſe & lugubre cérémonie. *C'eſt un tribut que je devois*, dit-il en rentrant dans ſon appartement, *à la tendre affection que Louis XV me portoit, & dont il me donna ſouvent des marques.*

Mais ce qui me conſole, ajouta-t-il, *c'eſt qu'il laiſſe un ſucceſſeur, dont toutes les intentions ſont pures, toutes les vertus Royales, qui régnera dans la juſtice & la paix, de concert avec une Auguſte Epouſe, qui égale déja Marie Thérèſe, par la magnanimité de ſes ſentimens.*

La ſituation de Meſdames de France, qui ſe rendirent martyres de l'amour paternel, fut un nouvel aſſaut qu'il ſentoit violemment. Il y prit d'autant plus de part, qu'il connoiſſoit leurs rares vertus. Il s'en entretint ſouvent avec le Cardinal de Bernis, dans ces momens ſecrets, où la reconnoiſſance épanouiſſoit ſon cœur, & où il lui parloit en ami.

On ne peut rien lire d'auſſi touchant, que la lettre qu'il écrivit à Louis XVI, au moment de de ſon avénement au Trône : on y voit les ſublimes qualités d'un Pontife, uniquement occupé du bonheur des humains, enfin l'ame de Ganganelli. *Elle eſt ſi belle*, diſoit la Princeſſe Borgheſe, que Titus lui-même l'auroit enviée. *E tanta bella che Tito ſteſſo l'averebbe invidiato.*

Les femmes ſavent mieux que perſonne apprécier les vertus, par la raiſon ſans doute, qu'elles ſont plus vertueuſes que nous.

Quand on n'a goûté ni des plaiſirs ni des honneurs, on ne peut s'imaginer qu'on s'en raſſaſie ; & cependant il en eſt d'eux comme d'un grand feſtin, dont le prélude ſemble délicieux, & dont on ſe laſſe inſenſiblement. Ganganelli, au milieu des grandeurs qui l'environnoient, ne ceſſoit de regretter les momens tranquilles, où, ſans autre ſpectateur que lui-même, il jouiſſoit des plaiſirs de la lecture & de la ſolitude ; & cela s'accorde avec la peinture que l'Abbé Richard nous fait du Cardinal Ganganelli dans ſon voyage d'Italie, où après nous avoir appris *qu'il eſt un des eſprits les plus déliés du Sacré College ; que tout le monde eſt perſuadé que s'il devient Pape, il renouvellera Sixte-Quint*, il inſiſte ſur ſon *amour pour les Sciences, & ſur la beauté de ſa Bibliothéque, qu'il ſe fait un plaiſir de montrer aux Amateurs.*

Auſſi pouvoit-on dire de cette Eminence, lorſqu'elle monta ſur le Trône Pontifical, ce que Madame de Sevigné disoit du Cardinal de Rets. *Eh, mon Dieu, qu'a-t-il besoin de lire davantage, n'a-t-il pas tout lu!*

Il connoissoit en effet, pour me servir de l'expression de l'écriture, *depuis l'hyssope jusqu'au cédre du Liban;* & ce qu'il y a encore de plus admirable, les hommes à ses yeux transparens.

Rien ne donna une plus haute idée de son savoir & de son génie, que les magnifiques discours qu'il prononçoit dans ces respectables assemblées, connues sous le nom de *Consistoires*, où l'on discute des intérêts de l'Eglise parmi ces hommes vénérables qui en sont les Princes, & l'ornement. Il peignoit avec les couleurs les plus fortes les ravages de la corruption & de l'incrédulité, de sorte qu'on l'appelloit le *Michel-Ange* de l'éloquence tant il y avoit d'énergie & de fierté dans son pinçeau.

Les lettres qu'il écrivit aux premiers Pasteurs de l'Eglise ppur les encourager à maintenir la discipline, & à ne confier l'exercice du S. Ministere qu'aprés des épreuves, sont marquées au même coin que celles des Grégoire & des Léon : ce ne sont point de phrases, comme l'éloquence à la mode, mais des raisons.

On aime à se persuader, d'après ces traits, que si Clément eut encore regné dix années, sa réputation, comme son génie, auroit rapproché du Saint Siége tant de Nations qui s'en sont éloignées ; & l'on est d'autant plus fondé à le croire, qu'un Roi de la Tartarie Chinoise, celui de Tangut, ayant entendu parler du mérite éminent de Clément XIV, le fit assurer de sa soumission, s'instruisit du Christianisme, & reçut le Baptême.

L'Académie de Pétersbourg, chargea le sieur Lirakonitz, Résident de Russie en Angleterre, pendant son séjour à Rome, de présenter à *l'Immortel Ganganelli*, une superbe Collection d'Estampes, représentant les différentes vues, & les principaux édifices de la ville de Pétersbourg.

Que dire de plus ? qu'il étoit aussi humble qu'un enfant, & que ce fut en dépit de lui-même, que son mérite l'arracha de la foule & du cloître, pour l'exposer à la vénération publique, & pour rendre l'oracle & l'arbitre des Souverains. Ses Edits ne respirent que la sagesse, l'esprit de paix, l'amour de l'humanité.

Toujours occupé du bien être des Voyageurs, & avec d'autant plus de raison, que Rome, par sa renommée, comme par ses monumens, les attire de tous les pays du monde, il pourvut à l'entretien des chemins, & fit établir des postes sur la route de Civita Vecchia. Il étoit surprenant qu'un port de mer aussi connu, & où les galeres du Pape se tiennent ordinairement, fut privé de cette commodité : mais combien de fois ne préférat-on pas l'agréable à l'utile, & le faſte ne fit-il pas oublier le plus ſimple néceſſaire !

Ganganelli, en Souverain qui ſaiſit les choſes dans leur point de vue, rejettoit le luxe pour ſubvenir aux beſoins : choſe d'autant plus admirable, que l'Italie ne connoît encore que la magnificence extérieure, & que trop ſouvent on y manque de tout ſous des lambris dorés.

Comme l'année Sainte approchoit de plus en plus, il fut ordonné que ceux qui avoient des grains de toute eſpece en leur poſſeſſion, les feroient tranſporter à Rome pendant le mois de Septembre, après avoir prélevé ce qui leur feroit néceſſaire, tant pour ſemer, que pour ſe nourrir : mais le Pape paya un tribut à l'humanité, en ſe laiſſant ſurprendre par un Maltotier qu'on lui avoit recommandé comme le plus honnête homme du monde, & qui ſourdement avoit ſoin de s'enrichir aux dépens du Public. Il y eut par cette mépriſe quelque monopole ſur les grains ; Rome cria, & le Saint Pere alloit y remédier lorſqu'il mourut. L'Hiſtoire ne nous a point encore donné la vie d'un Monarque dont on n'ait ſurpris la Religion : le ſort d'un Souverain eſt d'autant plus à plaindre qu'on lui en impoſe, en paroiſſant vouloir le détromper.

On ne peut pas toujours voir par ſoi-même, ſur-tout lorſqu'on vit au ſein des tempêtes qu'il eſt important de calmer ; & c'eſt-là précisément l'instant funeste qu'un habile Courtisan épie, pour faire tomber le Prince dans ses filets.

La maladie du Saint Pere augmentant de plus en plus, & ses entrailles étant souvent déchirées par des douleurs inouies; on lui conseilla les eaux : & comme elles n'apporterent aucun soulagement, on crut, d'après l'avis du Docteur *Bianchi*, Médecin de Rimini, devoir exciter une abondante transpiration par des moyens artificiels, quoique au milieu des chaleurs brûlantes de l'été. Cela n'empêcha pas le Saint Pere de tomber insensiblement dans un marasme universel.

Dès la fin de Juillet, Clément n'étoit plus qu'une ombre de lui-même. Ses os sembloient diminuer & s'amollir, comme un arbre piqué dans sa racine se fane, se dépouille de son écorce, & perd sa consistance par degrés.

A mesure qu'il se sentoit mourir en détail, il redoubloit ses prieres & même ses travaux : mais les maux qu'il souffroit, étoient si aigus, qu'on ne voyoit plus rayonner cette aimable sérénité qui lui gagnoit les cœurs. Le soleil étoit sur son déclin, l'horison se rembrunissoit.

Jamais il n'y eut de position aussi cruelle que la sienne : tourmenté par les affaires les plus inquiétantes & les plus épineuses, déchiré par des libelles qui renaissoient à tout moment, entouré de prédictions sinistres qui annonçoient sa mort, & qui en fixoient l'époque, dévoré par un mal qu'on ne pouvoit ni connoître ni guérir, on peut dire qu'il achetoit par de longues souffrances la gloire du martyre.

Les Cardinaux Zelada & Corsini firent une visite dans le Conservatoire des Scalettes, pour interroger des Religieuses accusées d'entretenir une correspondance secrette avec la trop fameuse illuminée de Valentano,) *Benardina Beruzzi.*) qui s'avisoit de faire des prédictions. On la renferma dans un Couvent à Montefiascone, comme ayant l'imagination exaltée, & comme étant destinée à subir un châtiment, qui eut appris au Peuple Romain, que le temps des Cassandres & des Sybilles n'existe plus.

Il est facile d'imaginer combien une Prophétesse de cette espece dut faire impression sur l'ame de ces Bigots qui savourent avec délectation tous les pieux mensonges. *La petite dévotion qui n'est point éclairée*, dit Benoît XIV dans son excellent livre de la Canonisation des Saints, *révére extraordinairement tout ce qui tient au merveilleux : les faux miracles, les fausses reliques, les fausses prédictions ne s'acréditerent que par le moyen des esprits foibles ; de sorte qu'on ne sauroit trop répandre la lumiere, pour dissiper les prestiges de la superstition.*

On avoit engagé le Pape à réformer la maniere de prêcher, qui, chez la plûpart des Italiens, paroît beaucoup moins tenir à la chaire qu'au théâtre, & il s'en occupa : mais qu'est-ce qu'un regne de cinq ans pour déraciner des abus, dont l'extirpation exigeroit un demi-fiecle tout au moins ? Il parla quelquefois de refondre le Bréviaire Romain, & de donner un corps de doctrine qui fixât l'enseignement de la Théologie dans toutes les Ecoles Catholiques, afin d'éviter toute dispute & toute erreur, & malheureusement ce furent autant de projets que ses embarras & sur-tout la mort firent évanouir.

Il travailla toujours lui-même ses Bulles & ses Brefs, & presque tous ceux qu'il donna furent de nature à exiger la plus grande circonspection. Son génie pénétrant, sublime, fécond, lui ouvroit un chemin facile au milieu des ronces & des épines, & lui fit toujours connoître les ressorts qu'il devoit employer : il savoit encourager l'homme timide, éguillonne le paresseux, abaisser l'esprit altier, dévoiler l'imposteur, déconcerter enfin la politique de ceux qui travailloient à le tromper.

Il est comme une de ces machines, dont la simplicité fait le mérite, disoit le Prélat Azpuru, *& qui, presque sans paroître donne le mouvement à une multitude de roues qui exécutent les plus grands projets.* Les Espagnols ont de l'énergie dans leurs expreſſions ; comme dans leurs penſées.

La Société qu'on venoit d'éteindre, ſemblable à ces vaſtes & ſuperbes édifices, dont la démolition diſperſe çà & là des marbres, des pilaſtres, des colonnes, offroit aux yeux de la Commiſſion des reſtes précieux, qu'il falloit replacer avec ſymétrie. C'eſt ce qu'on exécuta, lorſqu'on remit pluſieurs ex-Jéſuites dans les Colleges qu'on venoit de leur ôter. On pourvut à l'acquittement des dettes & des fondations ; & le Pape voulant tout connoître, malgré ſon dépériſſement, qui devenoit de jour en jour plus ſenſible, on lui rendoit un compte exact des opérations de chaque ſemaine. C'eſt d'après ces informations, qu'il crut devoir réunir le College au Séminaire Romain, & qu'il y établit la diſcipline la plus propre à contenir la Jeuneſſe, & à exciter l'émulation.

Son génie le tranſportoit ſouvent hors de Rome & dans les pays Catholiques les plus éloignés, pour y voir dans quel état ſe trouvoit la Religion. Les alliances : les guerres, les traités, le rappelloient continuellement à ce grand objet ; & ſi le ſort de la Pologne l'affecta vivement, ce ne fut qu'à raiſon des diviſions qu'excita l'Hiſtoire des Diſſidens. *Le ſang de Jeſus-Chriſt doit tout pacifier*, diſoit-il, *& les lieux où il coule avec plus d'abondance, ne ſont que trop ſouvent le théâtre des haînes & des factions.* Quand

Quand les trois Puissances co-partageantes eurent fait d'un Royaume immense un Etat ordinaire, & qu'il fallut fixer les bornes de chaque Diocese dans les pays dont on s'emparoit, la Cour de Vienne, par une haute estime pour les lumieres & pour l'équité de Clément XIV, lui remit l'honneur & le soin de faire cet arrangement. Il n'est rien tel qu'un mérite éminent, pour gagner la confiance. Ganganelli avoit celle de toutes les Cours, & ce ne fut pas une petite gloire de l'acquérir.

Il savoit qu'un Pape est inexpugnable, lorsqu'il a tous les Princes Catholiques pour appui, & que la Cour de Rome fut jadis bien moins puissante, en faisant valoir avec empire des droits contestés, qu'elle ne l'est aujourd'hui, en ne montrant que de la prudence & de la modération. Les Papes, autrefois prisonniers ou fugitifs, payoient de leur liberté les procès qu'ils avoient avec les Rois & avec les Empereurs, au lieu que maintenant assis sur leur trône, ils jouissent paisiblement des honneurs qui leur sont dûs. Ainsi toutes les fois qu'ils connoîtront leurs intérêts, ils se conduiront comme Clément XIV, qui fut tellement au gré des Couronnes, qu'il n'y a pas un Souverain qui ne l'ait vivement regretté.

A mesure que sa santé s'altéroit, son Médecin, le Docteur Salicetti lui recommandoit de se tranquilliser ; & il repliquoit : *la mort contre laquelle nous luttons en vain, me mettra bien-tôt dans le cas de me repoſer*, Il eſt vrai qu'elle l'inveſtiſſoit de toutes parts, & qu'il paroiſſoit la traîner avec lui toutes les fois qu'il ſortoit.

Les Partiſans de la Société murmuroient hautement de ce que l'ex-Général Ricci n'avoit point ſa liberté, & le Pape ſe contentoit de répondre, *que dans le moment d'une deſtruction, il falloit intercepter tout commerce entre les membres & le chef ; qu'il avoit des raiſons pour agir avec ſévérité, & que Dieu qui le jugeroit, ſavoit que ce n'étoit ni l'animoſité, ni la prévention, qui le guidoient dans ſes opérations.*

La nomination aux emplois, n'eſt pas une choſe indifférente pour un Souverain, & ſur-tout pour un Pape qui, comme Chef de l'Egliſe, eſt comptable de ſa conduite plus que perſonne, au Tribunal des hommes & à celui de Dieu. Cependant la faveur n'eſt que trop ſouvent écoutée dans Rome même, & l'on y voit en place, comme par-tout ailleurs, des hommes qui n'auroient jamais dû ſortir de leur obſcurité.

C'eſt ici le triomphe de Clément. Il fut rarement trompé dans le choix qu'il fit des Sujets. Jamais ſon amitié ne l'aveugla ſur le mérite de ceux qu'il promit aux Dignités. *Je ne donne pas la grace en donnant des emplois*, diſoit-il, *& s'il n'y a des talens & des vertus de la part du Sujet, c'eſt une nomination* *honteuse pour moi, & humiliante pour lui.* *On ne me parle point d'un tel*, dit-il un jour, *& cela sera cause que je m'en souviendrai. Je me défie de ces gens qu'on me recommande avec chaleur. Je crois toujours qu'ils ont cabalé.*

Il se fit donner une liste de tous les Auteurs qui écrivoient dans ses Etats, & si la mort n'eut pas arrêté ses desseins, il devoit récompenser ceux dont les ouvrages avoient la religion & le bien public pour objet. *Il est juste*, disoit-il au Cardinal Cavalchini, *que des Ecrivains qui nous instruisent, ou qui nous édifient, trouvent en nous des rémunérateurs. L'argent ne peut être mieux employé qu'à secourir le mérite & les talens. Il est honteux qu'il n'y ait des recherches que pour les malfaiteurs, & qu'on ne s'informe ni de la fortune, ni de la demeure des hommes qui consacrent leurs veilles pour éclairer le Public.*

Plus Sa Sainteté s'affoiblissoit, plus elle desiroit voir le Pere Marzoni, Général des Mineurs conventuels, son Confesseur & son ancien ami, non pour disserter sur des objets indifférens, mais pour s'entretenir sur le bonheur du Ciel. On le voyoit recueillir ses lumieres & celles de son Directeur, pour se disposer à soutenir le jour du Seigneur, ainsi que l'Aigle rassemble ses forces pour accoutumer ses yeux à l'éclat du soleil.

C'est dans ces entretiens familiers, que le

ſpectateur de ſa longue mort, il appercevoit les honneurs comme une vapeur, les ſiecles comme une minute, le monde comme une atome ; il ne tenoit plus qu'au Ciel par la ferveur de ſes deſirs.

Si l'éclat de la Thiarre, s'écrioit-il, *avoit pu m'éblouir, voilà bien le moment de me détromper.*

Cependant il ſe promenoit de temps en temps pour reſpirer un nouvel air, & le peuple qui ne murmura jamais qu'une ſeule fois contre lui, ſembloit prendre une partie de ſon mal, tant il en étoit affecté.

On ſe rappelloit en le voyant tous les bienfaits dont il fut une ſource féconde, & parmi leſquels on ne doit pas oublier cette eau admirable qui étanche le ſang, qui cicatriſe les plaies ſur le champ, & qu'il s'empreſſa de communiquer à différens Monarques après avoir fait grace de la vie au criminel, de qui on tient ce merveilleux ſecret. Il ſe feroit déterminé à introduire l'Inoculation dans ſes Etats, comme un moyen qu'il eſt permis d'employer, ainſi qu'une ſaignée de précaution : il s'en expliqua plus d'une fois.

L'humanité gémiſſoit depuis long-temps, de ce que dans la capitale même du monde Chrétien, on oſoit outrager la nature en troublant l'harmonie de la Société, pour favoriſer celle des Concerts & des Opéra, mais comme il étoit réſervé à l'immortel Ganganelli

nelli de remédier à tous les abus, il donna des ordres pour extirper cet usage barbare que l'excès d'un luxe Asiatique avoit introduit, & qui malheureusement se renouvellera, à moins que le génie de Clément XIV n'influe sur les Pontifes qui le remplaceront.

Si les successeurs d'un grand Pape cherchoient leur véritable gloire, son regne deviendroit éternel, par le soin qu'ils auroient de le perpétuer ; & Rome, malgré la vieillesse de ses Souverains, ne se ressentiroit point de leur funeste caducité.

Comme dans les conversations amicales du Saint Pere, on agitoit beaucoup de questions, on parloit un jour de pressentimens, & tout en badinant sur ces chimeres qu'il traitoit d'illusions, il dit : *je suis pourtant obligé de convenir, qu'il m'est arrivé de sentir une impression que je ne puis définir, & qui m'avertissoit intérieurement que je serois élevé en gloire, toutes les fois qu'assistant à l'Office & n'étant encore que simple Religieux, je chantois ces paroles du Pseaume :* Et exaltent eum Ecclesia plebis ; *mais je regardai toujours un pareil pressentiment comme une de ces illusions que l'imagination produit, & que la raison doit mépriser.*

Quelle apparence, en effet, qu'il pût se flatter alors de parvenir à une dignité, où il faut le concours de tant de circonstances, pour y arriver ?

Ce qu'il y a de certain, c'eſt qu'aux yeux de tous les ſiecles, il ſera regardé comme l'un de ceux qui mériterent mieux cette place uprême. Les Ambaſſadeurs ne ſortoient point de ſon Audience ſans être pénétrés d'admiration. Le Commandeur Almada, Miniſtre de Portugal, fut ſi frappé de la ſageſſe & de la ſublimité de ſes diſcours dans le premier entretien qu'il eut avec lui, qu'en ſe retirant il s'écria avec les tranſports d'un enthouſiaſme Oriental : *Ouï, c'eſt Dieu lui-même qui vient de me parler.*

On peut ajouter à ce trait celui d'un Mylord, qui rempli d'admiration pour le Pape qu'il venoit de quitter, dit à pluſieurs de ſes compatriotes : *Vous connoiſſez mes richeſſes & ma fille unique que j'adore? eh bien, je la donnerois au Saint Pere s'il pouvoit ſe marier, tant je ſuis enchanté de ſa perſonne & de ſon eſprit.*

Le Pape rit beaucoup de la franchiſe de ce brave Anglois, qui ne voyoit dans l'inimitable Ganganelli que ſes excellentes qualités.

Il reçut avec une apparente fierté un Ambaſſadeur qui avoit toujours été ſon ami, & qui en parut déconcerté : mais ſe rappellant ce qu'il devoit à l'amitié, il le fit venir le lendemain & en lui tendant la main, il lui dit : *Vous vîtes hier Clément XIV, dans le moment qu'il déployoit l'Auguſte caractere de*

Souverain Pontife, & maintenant vous voyez votre meilleur ami.

On ne s'imagine pas qu'un homme formé dans le Cloître, puisse avoir autant d'élévation & de dignité ; & cependant Clément XIV, dès le temps même qu'il n'étoit encore que Religieux, faisoit voir une ame magnanime & un esprit universel. Le Pere Tédeschi qui fut son Provincial, le savant Pere Lucci son Professeur, & qui devint par la suite Evêque de Bovino, dans le Royaume de Naples, étoient surpris de ses talens, & de sa sagacité. Le Pere Martinelli, le Disciple qui ait fait le plus d'honneur au Pere Ganganelli, le met au rang des plus grands hommes ; & le R. P. Pere Castan, ancien Provincial des Mineurs Conventuels, actuellement Gardien d'Avignon, (& celui qui le fit connoître à la Cour de France, comme le personnage le plus capable de gouverner), ne tarit point sur son éloge.

La réponse de Ganganelli au Cardinal Rezzonico, qui vouloit lui donner un Auditeur, un Maître d'Hôtel, un Chef de cuisine, si-tôt qu'il devint son collégue, est admirable, en ce qu'elle dénote un homme qui se posséde & qui ne veut être ni mené, ni deviné. » L'Au»diteur étant une personne de confiance, *lui* »*dit-il*, vous trouverez bon que je le choisisse »à mon gré, & quand à mon Maître d'Hôtel, »à mon chef de cuisine, ce sera *mon Frere*

»*François* qui me tiendra lieu de tout, car »je ſuis déterminé à toujours vivre comme un »ſimple Religieux. «

Per credenciere, per coco, ho il Frate Franceſco, è baſta coſi, volendo ſempre vivere, è mangiare da Religioſo.

A peine fut-il nommé Cardinal, que Clément XIII, enchanté d'avoir fait cette promotion ne pouvoit contenir ſa joie, & qu'il dit au Cardinal Galli, en levant les yeux au Ciel, Nous béniſſons Dieu de ce qu'il nous a inſpiré le deſir de le décorer de la pourpre, d'autant mieux que tout le peuple l'a déja déſigné pour notre ſucceſſeur. *La ja nominato il noſtro ſucceſſore.*

M. le Marquis d'Aubeterre, dont les premieres Cours de l'Europe admirerent la ſageſſe & la ſagacité, diſoit hautement, pendant ſon ambaſſade à Rome, que le Cardinal Ganganelli, étoit celui du Sacré Collége qui méritoit mieux occuper le trône Pontifical, & c'eſt en conſéquence de l'opinion qu'il en avoit, qu'il s'intéreſſa vivement à ſon exaltation.

Les Cardinaux de Rochechouart, de Luynes, dont le ſuffrage fait époque aux yeux des hommes vertueux & éclairés, ſe félicitent tous les jours d'avoir eu part à la confiance de Clément XIV, & de l'avoir diſcerné comme un ſujet qui, pour être à ſa place, devoit abſolument régner.

L'Etat Eccléſiaſtique diviſé depuis long-temps en quatre Légations célebres, celles de Bologne, de Ferrare, de Ravennes & d'Urbino, ne pouvoit manquer ſous le Pontificat de Clément, d'avoir des Légats auſſi intégres, qu'éclairés. Il les choiſiſſoit avec ce diſcernement qui apperçoit le mérite dans ſon vrai point de vue, & qui le place avec ſûreté. Il s'appliqua à diviſer en deux Préſidences la Province de Romagne, qui ſeront occupées par des Cardinaux, dont l'un réſidera à Ravennes, & l'autre à Rimini. Il ſuivit le même plan à l'égard d'Avignon, où ce n'eſt plus un Vice-Légat qui commande, mais un Préſident dont la dignité menera directement à celle de Cardinal.

Il convenoit qu'en qualité de Pape & de Souverain, il s'occupât de la réſidence des Evêques, recommandée dans tous les temps par les Saints Canons, ordonnée par tous les Princes Catholiques attentifs à faire obſerver les loix de l'Egliſe. Le Cardinal Marc-Antoine Colonna, Vicaire de Sa Sainteté, fit publier un Edit par lequel le Saint Pere ordonne expreſſément, ſous peine de cenſures & de confiſcation du revenus, qu'on ne quittera point ſon Egliſe ſans les plus fortes raiſons.

Clément avoit une juſte notion de preſque tous les Evêques Catholiques, touchant leur ſcience leur piété, & il ſe faiſoit un plaiſir dans les instans dont il pouvoit disposer, de parcourir les Mandemens de ceux qui se distinguent par le talent de l'instruction. On le vit lire, avec un attendrissement mêlé d'admiration, le Mandement de M. l'Archevêque de Paris, sur la mort de Louis XV : il y trouva cette éloquence Evangélique qui est le langage d'un vrai Pasteur. Quand on aime sincérement l'Eglise, on chérit les ouvrages qui éclairent les Fideles, & qui les édifient. Les Mandemens de M. l'Archevêque de Lyon lui étoient familiers. Il se les faisoit lire avec d'autant plus de satisfaction, qu'il avoit vivement désiré les voir.

Les Hôpitaux ne pouvoient échapper à la vigilance d'un Pontife aussi zelé pour le bien public. Il y en a de fastueux dans Rome, si l'on peut donner cette épithete à ces tristes asyles où les miseres humaines sont en dépôt. Leur nombre, tant pour les malades que pour les Pélerins est extrêmement multiplié, & par ce moyen chacun a son lit, & les malheureux ne se communiquent point un souffle empesté.

On présume facilement que c'est une source de rapines pour des Administrateurs, si l'on n'éclaire leur gestion. Clément se fit rendre un compte exact de leur régie, sachant qu'un Souverain n'est pere qu'à demi lorsqu'il néglige les Hôpitaux. Il applaudit à la sagesse de l'Impératrice-Reine, lorsqu'elle destina à leur entretien une partie du revenu des Abbayes en commande.

Le mois de Septembre étant arrivé, on persuadoit au Saint Pere que malgré les progrès du mal qui le consumoit, il auroit encore assez de force pour soutenir le voyage de Castelgandolfe ; il est vrai que depuis cinq mois il forçoit la mort même qui travailloit sourdement dans son sein, à respecter ses augustes fonctions, mais enfin il vient un temps ou la nature succombe, & ce moment arriva le huit Septembre, lorsqu'il préconisoit à Sainte Marie du Peuple, la cause du vénérable Bonaventure de Potentia, Religieux Conventuel.

Il fallut le ramener dans sa litiere au Palais Quirinal ; & depuis ce moment fatal il ne lui fut plus possible de sortir.

Les Romains toujours livrés aux conjectures & aux spéculations tiroient des horoscopes différens sur la situation du Pape, & l'attribuoient à diverses causes. Les uns vouloient qu'il eût brûlé son sang dans l'ardeur d'un long & pénible travail ; les autres prétendoient qu'on l'avoit empoisonné. Ce qu'on peut assurer, c'est qu'il sentit des douleurs atroces, que sa voix s'éteignit insensiblement, & que sa constitution qui fut toujours vigoureuse, & qui promettoit, pour le moins, un regne aussi long que celui de Saint Pierre, se trouva tout-à-coup dérangée par un mal dont l'activité trompa l'art des plus habiles Médecins ; & l'espérance de tout le monde : *Valetudinem illam vegetam firmamque, paucis abhinc mensibus, acer intercepit morbus, qui raptim ingravescens peritorum artem, omniumque vota fefellit.*

C'est ainsi que s'exprime le Révérend Pere Marzoni, son Confesseur, dans la lettre circulaire, qu'en qualité de Général, il adresse à tout l'Ordre des Conventuels, autrement Cordeliers, & qui m'a paru si énergique & si touchante, que j'ai cru devoir l'insérer à la fin de cet ouvrage.

Mais pour bien juger de la situation du Pape, il faut se figurer le moment, où son corps réduit presqu'à rien, tant il étoit atténué, il n'y avoit plus que sa grandeur d'ame & sa piété qui paroissoient le soutenir. Alors s'élançant continuellement vers le Ciel, il prouvoit à tous ceux qui l'entouroient, que Dieu seul avoit toujours été son refuge, & son unique espoir. Il exhorta lui-même son Confesseur à ne point s'attrister, lui rappellant *que la mort des créatures est un hommage rendu à l'éternité du Créateur, & que tout homme ne vit que pour mourir.*

Il ranima sa main presque glacée pour signer la Bulle qui met ses Anciens Confreres en possession de la Pénitencerie de S. Pierre de Rome & de Notre-Dame de Lorette voulant apprendre à la postérité, qu'il les aima jusqu'à la fin, *usque in finem dilexit eos.*

Les Peres Marzoni & Buontempi ne le quitterent point tant qu'il respira, & ils eurent à chaque instant occasion d'admirer sa patience, sa douceur, sa magnanimité, qui l'élevant au-dessus de lui-même, l'unissoient intimément à Dieu. Il désiroit qu'on ne lui parlât que de ce grand objet, & c'est ce qu'il fit entendre, lorsqu'on le supplia de nommer les onze Cardinaux reservés *in petto.*

Je ne le puis, *ni ne le dois*, répondit-il, *& le Seigneur jugera mes raisons*; & lorsqu'en se mettant à ses genoux, l'on insistoit encore pour qu'il les déclarât, il répliqua d'un ton absolu : Non, non, je vais à l'éternité, & je sais le pourquoi : *No*, *no*, *jo me ne vado à l'eternita*, *è jo so il perche.*

On a présumé, mais peut-être à tort, que les Cardinaux qu'il se proposoit de nommer, ne lui auront plus paru si dignes de la pourpre, quand il se vit prêt à paroître devant Dieu. L'heure de la mort est le moment de la vérité; & par cette raison presque tous les Papes en mourant craignent de faire des promotions.

Les hommes terrestres plaignent Clément XIV d'avoir si peu joui des honneurs de la Papauté; & en mourant il bénissoit Dieu de l'avoir délivré d'un pareil fardeau.

Une vie aussi pleine & aussi édifiante, devoit se consommer dans la participation des

Sacremens. Il demanda le Saint Viatique avec la plus vive ardeur, & il le reçut avec les mêmes transports, qu'éprouvoit le Prince des Apôtres, quand il disoit à Jesus-Christ : vous savez, Seigneur, combien je vous aime : *Domine, tu scis quia amo te.*

Le lendemain en présence du Sacré Collége, on lui administra l'Extrême-Onction, & il ne cessa jusqu'au moment de sa mort, qui arriva le 22 Septembre 1774, à sept heures du matin, de témoigner sa confiance dans la miséricorde Divine, & la plus parfaite résignation à la volonté du Tout-puissant. Les Généraux des Augustins, des Dominicains, des Conventuels, des Observantins, reciterent selon l'usage les prieres des agonisans, & le Pere Marzoni reçut son dernier soupir.

A peine eut-il expiré, que son corps noircit, parut se dissoudre, & que, selon le rapport des témoins oculaires, on crut entrevoir lorsqu'on l'excentra, les marques du plus cruel poison.

Les uns ne manqueront pas de dire que les Jésuites ont hâté sa mort, les autres que ce coup part de la main de quelques Grands offusqués du Pontificat de Ganganelli, tandis que les hommes judicieux, & désintéressés, n'accuseront personne, & laisseront cet événement sous le nuage dont il est enveloppé, jusqu'à ce que le temps l'ait éclairci.

Ainsi mourut à l'âge de 69 ans 10 mois 22

jours, François-Laurent Ganganelli de l'Ordre des Freres Mineurs Conventuels, Souverain Pontife sous le nom de *Clément XIV*, après avoir éprouvé ce que la prospérité a de plus grand & de plus orageux, sans avoir été un seul instant abattu, ou ébloui. Sa vie sera le modele des Papes qui voudront sagement gouverner ; sa mort, la leçon des héros Chrétiens qui se disposent à bien mourir.

Il étoit d'une taille ordinaire, il avoit un large front, des sourcils noirs & fort épais, des yeux vifs, un visage allongé ; sa constitution lui promettoit un siecle de vie, d'autant mieux qu'elle fut toujours soutenue par la plus grande sobriété.

Quoiqu'il fût né à Saint Arcangelo, comme l'ont annoncé tous les papiers publics, & surtout l'Almanach de Rome, Ainsi qu'un petit Abrégé chronologique de sa vie, écrit en Italien, tout nouvellement imprimé, sous les yeux mêmes du Sacré Collége, & des Religieux des Saints Apôtres avec lesquels vécut Clément XIV, il étoit originaire de *S. Angelo in vado*, (petite Ville épiscopale, relevant de la Présidence d'Urbino). Son Pere, à titre de Médecin, étoit pensionné dans cet endroit, où il vécut & mourut avec distinction.

Quand à sa famille : elle étoit noble, & voilà ce que le P. Castan m'écrit à ce sujet, depuis l'impression des premieres feuilles de cet Ouvrage : » Je me suis transporté dans le »pays même du Saint Pere, & j'y ai acquis »les preuves les plus sûres, qu'il étoit noble »d'extraction ; que son oncle paternel, à titre »d'aîné, jouissoit d'un gros revenu ; & que »dans sa famille, on y avoit fondé une Com»manderie de Saint Etienne, actuellement »possédée par un parent du feu Pape, rési»dent à Urbino «.

La même lettre ajoute, que Clément XIV avoit un oncle Mineur Conventuel, & que cette liaison le mit à portée de connoître particuliérement les Religieux de Saint François ; qu'à peine fut-il entré au Noviciat (d'après le consentement de sa mere), qu'il étonna ses Supérieurs par la pénétration de son esprit & par ses talens ; & que lorsqu'il concourut à Rome pour y étudier la Théologie, il obtint la premiere place sur le champ, à la grande satisfaction du Pere Lucci, Professeur, qui le jugea dès-lors un sujet de la plus grande espérance.

Clément savoit la langue Françoise, quoiqu'il ne la parlât qu'avec ses bons amis ; & ce fut son inclination naturelle pour les François qui l'engagea à l'étudier. Elle étoit si forte, que selon le témoignage du Pere Savurini son Disciple, *il s'affligeoit toutes les fois que la France (étant en guerre) ne remportoit pas des victoires sur ses ennemis* ; & sûrement alors il n'avoit aucun motif d'intérêt

qui

qui lui inſpirât cette maniere de penſer.

La mort de ce Pontiſe à jamais mémorable fut une calamité publique, & un deuil chez toutes les Nations. Elles pleurerent Ganganelli comme un grand homme qui indépendamment de la diverſité des Religions, avoit part aux reſpects & aux éloges du monde entier.

On rappellera dans l'hiſtoire ſa tranquillité, ſa réſignation qui furent d'autant plus admirables que ſelon une expreſſion de S. Bernard, *il ſavoura ſa propre mort.*

Les obſéques ſe firent, ſelon l'uſage, dans la Chapelle du Chapitre de Saint Pierre. Le Sacré Collége & toute la Prélature y aſſiſterent en grande cérémonie. On avoit élevé dans le milieu de l'Egliſe un immenſe & magnifique catafalque, où l'on voyoit, ſous les ſymboles les plus majeſtueux & les plus expreſſifs, les mémorables événemens du Pontificat de Clément XIV. Le Prélat Buonamici, l'un de ſes Secrétaires, prononça l'Oraiſon funébre, & il n'eut pas beſoin de recourir à des hyperboles, pour y faire paroître Ganganelli, comme un des plus grands Pontiſes qui aient regné.

L'hiſtoire oppoſera Clément XIV à Sixte-Quint, & il ne ſera pas difficile d'en faire voir les rapports & la différence.

Ils entrerent l'un & l'autre dans l'Ordre des Freres Mineurs Conventuels; mais Sixte, fils d'un Pâtre, eut une naiſſance obſcure, & Clément fils d'un Médecin ſortoit d'une famille noble originaire de *S. Angelo in vado*, & non de la Franche-Comté, comme on la débité.

Sixte vécut dans ſon Cloître beaucoup moins aimé qu'eſtimé ; Clément y fut univerſellement chéri & reſpecté.

Sixte employa tous les reſſorts de la politique & même les dehors de l'humilité, pour arriver à la Papauté, Clément redouta plus que la mort, ce terrible fardeau.

Sixte pendant ſon Pontificat affecta de montrer une hauteur & une infléxibilité dont les Souverains furent ſouvent offenſés, Clément devint l'ami des Monarques, par le caractere le plus liant & par ſon eſprit de pacification.

Sixte encore plus jaloux de l'autorité temporelle, que de la ſpirituelle, courut à la gloire par la grandeur & par la ſévérité.

Clément ſe fit une réputation plus ſolide & mieux méritée, en ſe montrant plutôt pere, que Souverain.

Sixte fit des décrets qui prouvent combien il étoit habile dans l'art de gouverner, & comme il ſavoit ſe faire obéir.

Clément même en commandant parut prier, & ſes Edits qui ont pour objet le bien ſpirituel & temporel annoncent le Pape & le Prince tout-à-la-fois.

Sixte embellit Rome de monumens précieux qui prouvent ſon goût pour la magnificence & pour les Arts ; Clément apprit à l'univers, par ſon *Muſæum*, dont le coup d'œuil eſt raviſſant, qu'il n'eut pas moins à cœur la décoration de la Capitale, & qu'il n'y contribua pas moins.

Sixte aggrandit ſa famille, en élevant ſon neveu à la dignité de Cardinal : Clément ne voulut même pas qu'on lui parlât des ſiens, & ne ſupporta qu'à regret les honneurs qu'il ne put éviter.

Sixte, à la ſollicitation de l'Eſpagne, s'occupa des moyens de détruire la Compagnie de Jeſus, ou du moins de la réformer : *Verum immatura morte prærupto, ſaluberrimum ab eo ſuſceptum Conſilium evanuit, omnique caruit effectu ;* Clément vint à bout de la ſupprimer.

Sixte enfin fut ſoupçonné d'avoir été empoiſonné, après avoir regné cinq ans, quatre mois & trois jours : Clément mourut avec le même ſoupçon, ayant occupé la Chaire de S. Pierre autant de temps, à quelques heures près.

Il nâquit le 31 Octobre 1705, il fut élu Pape le 19 Mai 1769, & il mourut le 22 Septembre 1774.

S'il eſt inconteſtable que la véritable grandeur conſiſte à s'élever au-deſſus des honneurs & des événemens, à prévoir ce qu'on doit faire & à l'exécuter, à prendre l'eſprit des différens états par où la Providence nous fait passer, à s'attirer l'hommage de tous les cœurs sans le rechercher, à s'exposer à tous les dangers sans les redouter à s'acrifier sa propre vie sans la ménager, Clément XIV sera vraiment grand aux yeux de l'univers, & dans la succession de deux cens cinquante-six Papes qui ont regné depuis Saint Pierre jusqu'à nous, la postérité le discernera comme un homme infiniment rare, & qu'il sera beaucoup plus facile de souhaiter que de retrouver: *Quem facilius erit optare, quam invenire.*

Si la fameuse prophétie des Papes attribuée à Saint Malachie, Archevêque d'Armach en Irlande, & selon le jugement des Critiques, fabriquée pendant le Conclave de l'année 1590, par les partisans du Cardinal Simoncelli, devenu Pape sous le nom de Grégoire XIV, est regardée comme une fausse prédiction, du moins a-t-elle dit la vérité, lorsqu'elle a désigné Clément XIV par la vue perçante. *Visus velox.* Personne ne vit mieux que lui les effets & les causes. La suite nous apprendra si son successeur annoncé dans la même prophétie, comme un Pélerin Apostolique, sera bien caractérisé : *Peregrinus Apostolicus.*

Il est fâcheux que Clément n'ait promu aucun Religieux au Cardinalat, d'autant plus qu'il connoissoit dans l'Ordre des Mineurs Conventuels & dans celui des Dominicains, des personnages éminens en science & en piété.

LETTRE

Circulaire du R. P. Marzoni, Général des Freres Mineurs Conventuels, dits Cordeliers à tous les Religieux de son Ordre, sur la mort de Clément XIV.

Admodum Reverendi Patres.

Nihil luctuosius nobis, magisque funestum contingere poterat, quam quod in hac justi undique exorientis meroris occasione, maximo licet atque incredibili animi dolore confecti vobis nunciare compellimur. Clemens decimus quartus, Ordinis nostri amor & decus, summique Sacerdotii splendor & columen, dum per certissima sapientiæ, fortitudinis, & magnanimitatis argumenta, totum se Christianæ Reipublicæ utilitati atque ornamento oppignorabat; dum rebus prospere feliciterque compositis nunquam in-

termoturo nomine apud exteras quoque nationes celebrabatur, propero heu! nimium fato ereptus Ecclesiæ, urbi & orbi X. Kal. Octob. 1774, fructum laborum suorum, præmia periculorum, virtutum que insignia, quæ illi reposita erant, stremuè & in spirituali lætitia mortem aspiciens abiit recepturus. Valetudinem illam vegetam firmamque, quam primum in Petri sedem intulit, paucis ab hinc mensibus, acer intercepit morbus, qui raptim ingravescens peritorum artem, omniumque vota fefellit. Nullum ei interim longioris vitæ desiderium, nulla constantis animis defectio, nulla insigniorum virtutum remissio. Nos qui suprema morienti officia persolventes adfuimus, benignitatem, tolerantiam, pietatem, preces ad ineundam numinis gratiam, mentem ad tranquillitatem in extremum usque compositam & in spem salutis erectam, non sine mæstissima admiratione suspeximus. Supremi hujusce viri jacturam tum ob effusam in omnes mansuetudinem & constitutam, tum ob eximiam rerum omnium moderatricem prudentiam, in tot turbulentissimorum temporum articulis adhibitam, non Roma solum, non solum ecclesia Christi, sed totus fere mundus collacrymatur. At præ omnibus Religio nostra in qua studia, vitæ genus, animique virtutes efformavit, ita acerbissima calamitate exasperatur, ut jure ti-

mendum ſit, ne infixam animi triſtitiam, ulla ratio futuris temporibus poſſit eſſe tanta quæ valeat aut penitus evellere, aut ſaltem delimire. Enim verò heu ! nos miſeros, quàm juſtis gravibuſque argumentis, ut ſic doleamus, impellimur. In uno ſummo Pontifice, omnia nobis fauſta & ſecunda repente amiſimus, amiſimus cuſtodem, tutorem, parentem, cui parem facilius ſemper erit optare quàm invenire. Amiſimus munificentiſſimum Benefactorem, qui omni ſtudio, omnique tempore nobis beneficia cumulatiſſimè largitus eſt &c. . . . . . Tot denique in nos tum honoris, tum utilitatis monumenta parabat, ut ipſius deſiderium, & jactura ſit non uno nomine moleſtior . . . . Tanta nobiſcum humanitate, ſuavitate tanta, tantaque commitate egit, ut priſtinæ inter nos conſuetudinis memor Auguſtam Pontificis maximi majeſtatem obliviſci videretur.

Ea propter, &c. &c. . . . .
Dabamus Romæ 5 Kal. Octob. 1774.

Frater & ſervus in Domino addictiſſimus F. ALOYSIUS MARIA MARZONI, *Miniſter Generalis Ordinis Minorum Conventualium.*

TRADUCTION.

MES TRES-REVERENDS PERES,

Il ne pouvoit rien nous arriver de plus affligeant & de plus funeſte, que ce que nous ſommes obligés de vous annoncer dans ce moment ou une juſte douleur éclate de toutes parts.

Clément XIV la gloire & les délices de notre Ordre, la ſplendeur & l'appui du Trône Pontifical, vient, hélas ! d'être enlevé rapidement, à Rome, à l'univers, après avoir donné les plus grandes marques de ſageſſe, de force, de magnanimité, après s'être uniquement occupé de la gloire & des avantages du Chriſtianiſme, & s'être à jamais rendu célebre chez les nations les plus éloignées.

Il a terminé ſa carriere le dix des Calendes d'Octobre 1774, pour aller recevoir le fruit de ſes travaux, la récompenſe des dangers qu'il qu'il encourut, & le prix de ses vertus ; & il a vu ce dernier moment avec autant de joie que d'intrépidité, après avoir été consumé par une cruelle maladie qui dans l'espace de peu de mois faisant les plus cruels progrès à détruit insensiblement cette santé ferme & vigoureuse dont il jouissoit lorsqu'il fut élevé sur la Chaire de Saint Pierre ; maladie d'autant plus extraordinaire, qu'elle a trompé l'art de toute la Médecine, & l'expérience de tout le monde.

Il n'a point desiré une vie plus longue, & il n'a pas cessé de montrer la même constance, les mêmes vertus qui furent toujours l'ame de ses actions.

Pour nous qui l'avons assisté jusqu'au dernier moment, & qui lui avons rendu les derniers devoirs, ç'a été avec une admiration mêlée de la tristesse la plus profonde ; que nous avons vu sa douceur, sa tranquillité, sa piété & la ferveur de ses prieres, ainsi que de ses désirs pour obtenir les graces du ciel.

Sa perte, qui rappelle à tout le monde sa prudence dans la conduite des affaires les plus épineuses & dans les temps les plus orageux, sa douceur envers tous ceux qui l'approchoient, excitent les regrets non-seulement de l'Italie, de l'Eglise, mais encore de tout l'univers. Notre Ordre sur-tout dans lequel il avoit formé son esprit & son cœur, est tellement accablé de sa mort, qu'il est à craindre qu'il ne puisse jamais s'en consoler.

Que de motifs pour que nous soyons pénétrés de douleur ! nous avons perdu dans sa personne un protecteur, un pere, un appui qu'il nous sera beaucoup plus facile de desirer, que de retrouver.

Nous avons perdu un généreux bienfaiteur qui avec tout le zele possible, & dans tous les temps, nous a comblés de sa bienveillance, & qui nous promettoit de telles faveurs, que nos regrets ne sont pas moins grands que sa perte....

Il nous traita toujours, quoique Souverain Pontife, avec tant de douceur, de bonté & même d'amitié, qu'il se rappelloit continuellement qu'il vécut parmi nous, comme un d'entre nous, & qu'il paroissoit oublier sa dignité suprême, pour nous prouver combien il nous étoit attaché, &c.

Donné à Rome, ce 5 des Calendes d'Octobre 1774.

Signé ALOYSE-MARIE MARZONI,
Général de tout l'Ordre des Freres Mineurs Conventuels.

Les inscriptions qu'on lisoit autour du Catafalque de Clément XIV; dont la magnificence annonçoit la haute idée qu'on avoit de ses talens & de ses vertus, rappelloient aux yeux des spectateurs les principales actions de son glorieux Pontificat.

Les voici dans l'ordre qu'on les avoit placées. Elles intéresseront les Lecteurs :

Servandis
Veterum Monumentis,
Musæum de suo nomine
Clementinum nuncupatum
Adornavit, instruxit.

Ad Augendum
Vaticani palatii splendorem;
Bibliothecam Apostolicam
Papyris, numismatibus, cimeliis
Ditavit.

Avenionensem ditionem,
Camitatum Venaisinum
Sedi Apostolicæ
Recuperavit.

Ducatum Beneventatum;
Sanctæ Romanæ Ecclesiæ
Vetustissimum patrimonium;
Apostolorum principi
Vindicavit.

Transilvanos Arianam,
Ancyranos Galatiæ

Eutichianam hæreses,
Primates Persarum
Nestorianorum dogmata
Abjurantes,
Romanæ Communioni restituit.

Paulum Aretium S. R. E. Cardin.;
Franciscum Carraciolum,
Cong. Clerig. Reg. min. Conditorem;
Vita, & miraculis claros
Rite
Beatorum numero adscripsit.

Bonaventuræ de Potentia
Ordinis Minor. Conventualium,
Viro pietate, & innocentia
Eximio
Beatorum publicos honores
Decrevit.

Simonem
Veteris Assyriæ
Patriarcam Nestorianum
Ad Romanæ Ecclesiæ sinum
Reversum
Sacro Patrum Senatui
Ingenti lætitia declaravit.

Le Prélat Stays, connu par deux Poëmes latins sur le Carthésianisme & le Neutonianisme, me, qu'on met beaucoup au-dessus de l'Anti-Lucrece, fit aussi l'Eloge funébre de Clément XIV.

Tous les Royaumes Catholiques honorerent sa mémoire par les services les plus pompeux & les plus solemnels, excepté la France, où l'on n'est pas dans l'usage de recommander aux prieres publiques les Souverains Pontifes, lorsqu'ils viennent à décéder. Il n'y a que quelques Communautés qui s'acquittent de ce pieux ministere.

Le grand Couvent des Cordeliers de Paris se signala d'autant mieux que le R. P. Pourret, qui en est Gardien voulut faire éclater sa juste reconnoissance envers Clément XIV, dont il fut toujours aussi chéri, qu'estimé.

Le Nonce de Sa Sainteté officia pontificalement, & le R. P. de la Quintinie, Religieux de la Maison, prononça l'Oraison Funébre. Il est à souhaiter quelle devienne publique; on y verra un Orateur qui fait le tableau, & qui par la force de son éloquence, & par la beauté de ses images, se montre par-tout digne de son sujet.

Ganganelli vécut dans des temps trop difficiles, & trop orageux pour que sa mort ne fut pas suivie de quelques mauvaises pasquinades; mais on se contenta d'y répondre par le Sonnet ci-joint, & bien-tôt elles tomberent dans le mépris. L'auteur y fait parler le Pape, de maniere à confondre ses ennemis

SONETTO.

REGNAI nel tempo più tremendo, è Rio,
Le grand ire de Re vinſi; è placai.
Amoroſo all' eſtraneo, al popol mio
Fui piu padre, che Prince, in tanti guai,
Tutto me ſteſſo al povero donai;
Nulla à me: nulla à miei, ſol del mio Dio;
Della chieſa, è di Roma il ben cercai
Pentecorvo, Avignone, è Benevento
Per me tornando, alla concordia uſata,
Monſtran, ſe jo viſſi, alle bell' opere intento;
E pur morii di morte empia, è ſpietata!
Roma applaude al doloroſo evento.
O mercede inhumana! ô Roma ingrata!

TRADUCTION.

Je regnai dans des jours de trouble & de forfaits,
Des Rois les plus puiſſans je calmai la colere,
Mon Peuple fut heureux, comblé de mes bienfaits,
J'étois ſon Souverain, beaucoup moins que ſon pere.
Affable aux Etrangers, ſoutien des malheureux;
Mon cœur & mes tréſors furent ouvert pour eux.
J'ai tout fait, négligeant ma famille & moi-même,

Pour Rome, pour l'Eglise, & pour l'Etre
suprême.
Benevent, Avignon, Pontecorve rendus
Sont la preuve & le fruit de mes soins assidus.
Victime cependant d'une mort déplorable,
J'expire, & Rome espere un sort plus favorable !
A ta gloire, à tes droits, je veillai nuit & jour,
Rome ingrate ! est-ce là le prix de mon amour ?

Par M. l'Abbé Bruté, Censeur Royal.

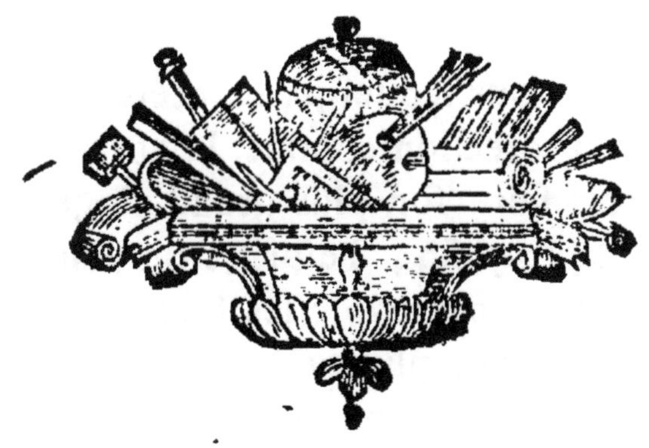

LETTRE

Du R. P. Ganganelli au Prélat Cerati, Directeur des Ecoles de Pise. (traduite de l'Italien.)

A Rome ce 3 Juillet 1756.

MONSIGNOR,

Le Sujet pour lequel je m'intéresse est digne d'une protection comme la vôtre, & en cela je crois faire son plus grand éloge. Vous avez le tact trop fin, l'esprit trop pénétrant, pour ne pas appercevoir ses bonnes qualités. Plus on l'observe, plus on le trouve méritant.

D'ailleurs vous connoissez ma franchise. Je ne vous le recommanderois pas, s'il n'en valoit la peine. Toutes les sollicitations du monde, ne m'engageroient pas à altérer la vérité.

Si l'on ne fait point sa fortune en disant vrai, je resterai toute ma vie le *Frere Fran-*

çois-Laurent Ganganelli, & c'est le meilleur lot qui puisse m'écheoir, pour ma propre satisfaction & pour mon repos.

Si je pouvois m'arracher à mes occupations ; je parcourrois volontiers la Toscane, & après avoir revu Florence qui flatte les yeux par ses beautés, Sienne qui charme les oreilles par son langage, j'admirerois Pise comme ayant l'avantage de vous posséder.

Personne ne pouvoit mieux que votre Seigneurie illustrissime, donner du lustre à ses Ecoles. Outre le trésor que vous aviez en vous-même, vous êtes revenu dans votre patrie chargé des richesses qu'on trouve en Allemagne, en Hollande & sur-tout à Paris.

J'ai fait à l'égard de cette Ville comme notre Patriarche Saint François. J'ai eu le desir d'y aller sans pouvoir l'effectuer. J'aurois vu avec le plus grand plaisir cette Université célebre recommandable à tant d'égards, & surtout par l'avantage d'avoir eu pour associés Saint Bonaventure & Saint Thomas d'Aquin.

Il m'auroit fallu les yeux d'Argus pour tout voir, & j'en aurois fait un bon usage. Si je juge de la piece par les échantillons, Paris a des avantages que n'ont point les autres capitales. Le François est le premier homme du monde pour mêler l'agréable à l'utile ; & comme je l'ai dit plusieurs fois, il feroit presqu'aimer la douleur, tant il est ingénieux à rendre tout aimable.

Mes sociétés sont toujours très-nombreuses & très-excellentes. Je vois alternativement les Prophetes & les Peres de l'Eglise, dont je me remplis autant que je peux ; & vous conviendrez certainement qu'on a la meilleure compagnie lorsqu'on jouit des entretiens de Saint Athanase, de Saint Ambroise, de Saint Augustin : ce dernier me paroît toujours plus beau. Il ne lui a manqué que la Philosophie d'un siecle plus éclairé, pour être parfait en tout genre. La grace en changeant son cœur, ne convertit pas un ingrat. Rien de plus admirable que la maniere dont il soutient sa force & ses droits contre l'arrogant Pélage.

Je relis actuellement les Lettres de Saint Jérôme. C'est ma récréation, & je me crois le mortel le plus riche & le plus heureux, lorsqu'avec ce Livre à la main, je m'égare dans quelque solitude. Il y a des jardins autour de Rome, faits tout exprès pour moi, en ce que je n'y trouve que moi-même, ou par hasard quelque Jardinier avec qui, las d'avoir étudié, je converse familiérement.

Si je vois nos grandeurs, ce n'est qu'en traversant la Ville, & encore je fais ce que je puis pour n'en être pas vu. Au reste je suis un atôme, & conséquemment incapable d'attirer l'attention d'une Eminence.

Je crains que vous ne veniez point à Rome, ainsi que vous le promettez. Vous avez tant d'amis qu'ils vous retiendront malgré vous ; mais pensez que vous en avez des relais dans tous les pays, & que pour dix perdus, vous en retrouvez cent.

On débite beaucoup de nouvelles, & encore plus d'absurdités. Nos Romains ont un esprit vorace, qui a toujours besoin d'alimens.

M. le Marquis de Stainville (aujourd'hui le Duc de Choiseul.) Ambassadeur de France, se signale tous les jours par sa magnificence, & encore plus par sa grandeur d'ame & par son génie. Personne n'étoit plus propre que lui à faire respecter son Roi & sa Nation. Il trompe nos politiques, en leur disant la vérité. Le Saint Pere le considére beaucoup, & vous savez qu'en fait de mérite, il est un excellent connoisseur, il analyse les personnes & les juge sur le champ.

J'ai l'honneur d'être irrévocablement avec tous les sentimens d'estime qui vous sont dus, & en vous baisant les mains.

Fr. L. Ganganelli du Couvent des Saints Apôtres.

LETTRE

A un Maître des Novices qui l'avoit consulté. (traduite de l'Italien.

A Rome ce 9 Août 1756.

MON REVEREND PERE,

L'EMPLOI que vous exercez, exige autant de douceur que de fermeté. Il faut penser que si un Religieux doit être circonspect dans sa conduite, un jeune homme ne peut avoir en partage la gravité des vieillards.

Le grand talent d'un Maître des Novices consiste à bien connoître la source d'où dérivent les fautes, afin d'humilier, si c'est orgueil, d'encourager, si c'est paresse, de mortifier, si c'est mollesse, de réprimer, si c'est pétulance. Vous aurez soin que vos jeunes gens soient toujours appliqués. Outre que l'application fixe l'esprit & captive l'imagination, elle fait éclore les talens. Il y en a chez

chez qui ils ſe développent lentement : mais pour peu qu'on ait de la patience & de la ſagacité, on juge ſi le nuage ſera percé par des rayons, ou s'il demeurera toujours opaque.

Si vous vous laiſſez emporter par un zele amer, il vous arrivera de renvoyer des ſujets qui feroient la gloire de l'Ordre. Ceux qui ont le plus de génie, ont ſouvent le caractere le plus impétueux ; & ſi l'on n'eſt pas aſſez maître de ſoi-même pour ne pas s'en offenſer, il arrive que des vivacités qui ne ſont que des étourderies, perdent un jeune homme pour toujours, en lui faiſant perdre un état où il auroit rendu à l'Egliſe des ſervices importans.

Donnez-vous bien de garde d'avoir une méthode unique dans votre maniere de diriger. Celui-ci doit eſſuyer une vive réprimande, celui-là n'a beſoin que d'un ſimple coup d'œil. *Alius ſic, alius vero ſic.*

Que votre ſilence ſoit éloquent ; c'eſt le moyen de ne reprendre que rarement. Les jeunes gens croient preſque toujours que c'eſt humeur, ou envie de gronder, lorſqu'on ne ceſſe de leur donner des avis : & ſouvent ils ne ſe trompent pas.

Veillez avec ſoin, mais ſans qu'ils s'en apperçoivent. On fait naître le deſir de mentir & de tromper, lorſqu'on montre un air de méfiance. Le ton d'amitié flatte un Novice, au lieu que l'air févere le bleffe & l'irrite.

Ne pardonnez prefque jamais ce qui attaque directement la Religion, & faites bien attention à tout ce qui bleffe les mœurs. La pureté convient à tous les Chrétiens, mais fur-tout à des Prêtres, & à des Religieux. Diftinguez cependant une faute momentanée, d'un péché d'habitude.

Souvenez-vous que la vraie vertu n'eft point farouche, & qu'un vifage riant infpire la confiance. On fe révolte prefque toujours contre un extérieur froid & férieux, parce qu'il reffemble à l'orgueil.

Ne pouffez pas trop loin la perfection; les hommes ne font pas des Anges, & il faut être fage avec fobriété: autrement les jeunes gens vous prendront en averfion, & fe lafferont de la piété même. Ce n'eft pas la répétition des préceptes, qui les rend meilleurs. On prêcheroit tout le jour, qu'on n'opéreroit rien, fi l'on ne donne pas des principes. Quand on eft convaincu par le raifonnement qu'il y a néceffairement un Dieu, conféquemment une Religion, & que la feule vraie eft celle que nous profeffons, on ne fe laiffe plus éblouir par des fophifmes; & fi l'on péche, on eft affuré qu'on fait mal. Banniffez l'efpionage comme une pefte publique. Sans cela on accoutume les hommes à être hypocrites, & faux amis. Ayez également en horreur la prévention. Elle eft caufe que l'innocent eſt tous les jours opprimé, & que le coupable triomphe. Si vous apprenez quelque choſe par des rapports, allez aux éclairciſſemens, & ne condamnez jamais perſonne, ſans l'avoir mis dans le cas de ſe juſtifier.

Ne puniſſez pas ſans avertir, à moins qu'il ne s'agiſſe d'un crime qui exige ſur le champ une peine proportionnée. Soyez plus indulgent pour les fautes ſecrettes, parce qu'elles ne ſont pas accompagnées de ſcandale, qui eſt le plus grand des maux. Suivez le précepte de l'Evangile, en avertiſſant charitablement celui qui s'égare.

Penſez qu'il faut des récréations à la jeuneſſe, & que l'eſprit eſt comme une terre, qui pour mieux produire, à beſoin de ſe repoſer. D'ailleurs il eſt à propos que tout paroiſſe ſe faire avec liberté. L'obéiſſance devient un joug inſupportable, ſi un ſupérieur n'a pas ſoin de l'adoucir.

Ne mettez entre les mains des Novices aucun de ces Livres apocriphes que Saint Paul appelle des Contes de vieilles : *Ineptas autem & aniles fabulas devita.* La vérité ne ſe ſoutient point par le menſonge, & la Religion eſt la vérité même. Variez les lectures de vos jeunes éleves, & dans la crainte d'échauffer leur imagination, ou de l'égarer, ne les appliquez pas à ce qui n'eſt que contemplatif. D'ailleurs dans l'âge tendre, il faut à la mémoire des faits qu'elle puiſſe retenir. Sur-tout maintenez la paix au milieu de votre troupeau, en ayant soin d'élever les ames qui vous sont confiées au-dessus de toutes les minuties du Cloître, qui ne dégénerent que trop souvent en disputes, en haînes, en jalousies. Apprenez-leur à être grands dans les plus petites choses & à donner du prix aux obligations les plus abjectes, par la maniere dont on s'en acquitte.

Etouffez l'ambition, excitez l'émulation. Sans cela vous ferez des superbes, ou des idiots.

Inspirez l'esprit de corps, mais de maniere qu'il soit modéré. Si l'on n'est point attaché à la société dont on est membre, on se dégoûte insensiblement de son état : si on l'est outre mesure, on se croit nécessaire, on méprise toutes les autres Communautés, & l'on va même jusqu'à canoniser des abus auxquels on est attaché par routine, ou par prévention.

Montrez-vous toujours égal. Il n'y a rien de plus ridicule qu'un homme qui ne ressemble point à lui-même. Les jeunes gens ont l'œil fin, quand il s'agit d'analyser un Supérieur. Rarement ils se méprennent sur le compte d'un capricieux, ou d'un original. On les déconcerte & l'on gagne leur estime, lorsqu'on marche toujours sur la même ligne. Point d'humeur, mais de la fermeté.

Evitez la familiarité, mais soyez moins le

Supérieur,

Supérieur, que le bon ami de ceux qui vous ſont confiés. Qu'ils trouvent en vous un pere, & qu'ils ſachent que votre plus grande peine eſt de les réprimander.

Ne montrez de prédilection qu'envers ceux qui ont plus de ſageſſe & de piété, & que ce ne ſoit que dans les circonſtances où cela peut ſervir de leçon aux vollages & aux pareſſeux.

N'employez jamais l'aſtuce pour faire avouer des fautes que vous voulez connoître. La ruſe ne peut s'allier avec la probité.

Proportionnez le châtiment ſelon les délits, & n'allez pas faire un crime de quelques légeres tranſgreſſions, qui ne ſuppoſent ni malice, ni déréglement.

Ce n'eſt pas en criant qu'on corrige les hommes. Saint François de Sales diſoit, *qu'il touchoit plus les pécheurs en leur faiſant amitié, qu'en les grondant.* Le langage de l'Evangile, eſt celui de la perſuaſion.

Ne conduiſez perſonne par des voies extraordinaires, & arrêtez ceux qui voudroient les ſuivre, à moins qu'il n'y eût quelque choſe de ſurnaturel; mais ce ſont des cas ſi rares, que cela ne peut faire loi. Le temps des myſtiques & des ſpéculatifs eſt paſſé, & il ſeroit dangereux de le rappeller.

Laiſſez à vos jeunes gens la liberté de parler en votre préſence, ſans les intimider. C'eſt le moyen de connoître leur intérieur.

En un mot, comportez-vous comme un bon pere de famille, qui ne veut faire de ses enfans, ni des esclaves, ni des hypocrites, ni des idiots, mais des sujets qui sachent rendre à Dieu ce qui lui est dû, à la Religion ce qui lui appartient, à la société ce qui lui convient. La premiere de toutes les regles, est d'apprendre à aimer le Seigneur, & à ne rien faire qui puisse lui déplaire. Toutes les institutions Religieuses n'ont pas d'autre objet; car vous savez aussi-bien que moi, mon Révérend Pere, que nos reglemens seroient souvent puériles, s'ils n'étoient des moyens pour nous conduire à Dieu. Chaque Instituteur a imaginé ceux qu'il a cru les plus propres à ce dessein.

Garantissez-vous de cette pédanterie qui se donne pour inpeccable, & pour tout savoir. Quand je régentois, & qu'on me demandoit une chose que j'ignorois, je convenois tout bonnement de mon ignorance, devant mes Ecoliers mêmes, & ils ne m'en estimoient que davantage. Les jeunes gens aiment qu'on se rapproche d'eux.

Si je me suis étendu, c'est que la vie d'un Maître des Novices, est une vie de détail. Vous pouviez vous adresser beaucoup mieux qu'à moi pour les observations en question; mais il vous eût été difficile de rencontrer mieux pour le zele avec lequel je vous ai servi.

Si ma plume s'eſt égarée dans ce que je vous écris, mon cœur eſt tout entier dans ces derniers mots, qui vous aſſurent qu'on ne peut vous aimer & vous eſtimer plus que je fais. Soyez-en bien aſſuré.

Saluez tous nos amis, & ſur-tout mon Diſciple qui m'eſt toujours préſent. Je lui ferai paſſer le Livre qu'il deſire, auſſi-tôt que j'en trouverai l'occaſion. Adieu,

Fr. L. Ganganelli du Couvent des Saints Apôtres.

LETTRE

Au Prélat Cerati. (traduite de l'Italien.)

A Rome ce 6 Mai 1758.

MONSIGNOR,

J'AI toute la peine du monde à raffermir ma main, pour vous apprendre que Lambertini n'est plus que dans ses écrits, & dans nos cœurs. Sa mort me cause un tremblement qui m'agite & m'accable. Outre la douleur que je ressens d'avoir perdu un protecteur, & j'ose dire un ami, je prévois que malgré tout le mérite du Sacré Collége, il ne sera pas remplacé ; & je sais qu'on avoit encore besoin de sa sagesse & de sa modération.

Le peuple Romain, qui s'éleve & s'abaisse comme les flots de la Méditerranée, & qui voudroit changer de Pape tous les ans, s'applaudit de ce que celui-ci qui en a regné dix-neuf, vient enfin de finir : mais laiſſons-le ſe livrer à une joie inſenſée ; avant ſix mois il ſentira ſon malheur : & il s'unira au monde entier pour pleurer Benoît XIV.

Il ſeroit bien ſingulier que le peuple de Rome laiſſât aux Communions Proteſtantes le ſoin de regretter Lambertini : car sûrement Londres & Berlin ſeront vivement affligés de ſa mort.

Un peu plus de courage l'auroit rendu parfait : il y a mille choſes qu'il vouloit conclure, & qu'il n'oſoit entamer. Il faut être intrépide lorſqu'on veut faire le bien, & , ſurtout lorſqu'on eſt Chef de l'Egliſe : car combien d'obſtacles n'a-t-on pas à vaincre !

Laiſſons mûrir cette mort, & nous connoîtrons encore plus qu'actuellement tout le mérite de Benoît XIV : chaque année ne fera qu'ajouter à ſa réputation. Sa gaieté le ſoutenoit au milieu de ſes plus vives douleurs ; il ſembloit que ſon corps n'étoit point à lui, tant il en paroiſſoit peu affecté. S'il avoit quelque chagrin, un accès de colere qui ne duroit que quelques minutes, venoit promptement le diſſiper.

Il me diſoit un jour » que l'homme ſe faiſoit des fantômes pour en avoir peur, & » que l'imagination beaucoup plus que le » cœur, étoit le magaſin des inquiétudes & » des peines ; mais qu'il s'en étoit rendu maî-

»tre, de maniere quelle ne lui préſentoit ja-»mais que des choſes agréables «.

Je n'en ſuis pas encore là, mais je crois que j'y viendrai. J'ai beſoin de tout mon eſprit, & n'en ai point aſſez pour en abandonner une partie à la diſcrétion des événemens. Un homme n'eſt pas un arbre pour ſe laiſſer agiter par la tempête, & pour perdre au premier coup de vent, ſa conſiſtance & ſa fraîcheur.

J'apprends avec plaiſir que votre ſanté ſe remet d'un jour à l'autre. Celle des gens d'étude s'épuiſe inſenſiblement : mais elle n'éprouve pas ces ſecouſſes qui tuent les gens du monde, ou qui dans un court eſpace les rendent décrépits.

Je ſens que la ſolitude vous eſt à charge dès que vous ne pouvez étudier : mais chez vous l'eſprit de priere vous tient lieu de tout. Eh ! comment pourroit-on s'ennuyer, quand on s'entretient avec l'Etre ſuprême. La converſation avec Dieu remet l'ame à ſa place, tandis qu'elle eſt dans un état violent, lorſqu'elle ſe diſtrait de ſon Créateur.

J'ai eu depuis ſix ſemaines un travail accablant. Toujours aux autres & jamais à ſoi, c'eſt ce que je trouve de plus cruel dans toutes les tâches qu'on eſt obligé de remplir. Mais je ſuis Religieux, & conſéquemment obligé de me dépouiller au moins ſoixante fois dans une heure de ma propre volonté.

La cloche qui m'appelle fréquemment à mes devoirs me paroît par fois incommode, & cependant elle est une bonne amie qui vient me rendre un bon office. Elle m'empêche de faire des excès d'étude, qui ne manqueroient pas de m'épuiser, & qui me rendroient par la suite incapable d'être avec moi-même & avec la société.

On accuse assez communément les Religieux d'avoir un stile pésant & diffus, & ils devroient plutôt avoir un stile coupé. Ce qu'il y a de certain, c'est que si leurs phrases ne sont pas morcélées, leurs pensées le sont souvent par la succession des exercices qui les tirent d'un moment à l'autre, & de leur cellule & de leur travail.

Voici Rome ouverte aux calculs, aux projets & même aux prédictions. Il y aura sous peu de jours autant de Papes que de Cardinaux, par la peine que chacun va prendre d'élire celui dont il est ou protégé, ou connu.

Ce sont là des choses si relevées pour moi, que je laisse agir la Providence & courir l'événement, sans m'occuper à désigner celui que Dieu fera sortir de son secret, quand il lui plaira.

Le Conclave est un second firmament, surtout pour des mortels qui n'y sont pas. On prend des télescopes pour le considérer, & l'on y découvre des astres qui s'éclipsent après avoir paru avec le plus grand éclat, & des cometes qui disparoissent successivement. Comme je me mêle très-peu d'Astronomie, & que la terre est plus que suffisante pour exercer mon esprit borné, je laisse ce magnifique objet à qui veut le contempler.

Pour vous, Monsignor, qui fûtes autrefois Confesseur d'un Conclave, vous vous rappellerez à ce sujet ce qui s'y passe, & ce qu'on y voit. On met déja sur les rangs le Cardinal Cavalchini. Il est Ecclésiastique jusqu'au bout des ongles; nous vivons dans un siecle où l'on a besoin plus que jamais de bons exemples.

Mais il a des alentours qui lui feront tort: car vous savez que dans l'élection d'un Pape, ont fait souvent plus attention à l'accessoire, qu'au principal.

Je touche au moment où j'aurai le loisir de m'occuper de ce qui vous concerne. Je n'y mettrai pas autant de science que de zele; mais ce qui me console, c'est qu'à vos yeux, le bon cœur de vos amis supplée à l'érudition. Vous ne vous pardonnez rien, & chez les autres vous savez tout excuser, jusqu'à la maniere simple & commune avec laquelle je vous dis tout bonnement qu'on ne peut-être plus que je suis votre serviteur, &c.

Fr. L. Ganganelli du Couvent des Saints Apôtres.

LETTRE

LETTRE

A l'Abbé Lami, Auteur des Feuilles périodiques, à Florence. (traduite de l'Italien.)

A Rome ce 16 Novembre 1756.

MONSIEUR,

Je lis & relis toujours vos feuilles avec le plus grand plaisir, & sur-tout depuis qu'elles nous donnent une idée de la Littérature Françoise. Il me paroît que les François ne sont pas si riches en expressions que les Italiens, mais qu'ils le sont davantage en pensées.

Je connois une multitude d'Ouvrages composés parmi nous, où l'on est enchanté des fleurs, des cascades, des points de vue qui en font l'agrément, mais où l'on ne trouve pas un seul fruit à cueillir.

Le mal vient de ce que nous avons une langue qui nous rend pareſſeux à penſer. Comme elle eſt extrêmement belle & riche, nous croyons avoir aſſez fait, lorſque nous l'employons avec art : & comme elle eſt ſéduiſante, elle nous entraîne malgré nous, & au lieu d'être précis, nous devenons diffus.

La langue Françoiſe garantit le François de ces défauts. Elle eſt faite pour faire éclorre des penſées ; & les idées dont on ne manque pas de la revêtir, la dédommagent de ſa ſtérilité.

La véritable éloquence veut plus d'images dans les choſes, que dans les phraſes.

C'eſt ce que je tâche de perſuader aux Littérateurs & aux Prédicateurs qui me font la grace de me conſulter.

Il faudroit dix de nos Sermons pour en rendre un ſeul de Bourdaloue, tant nous ſommes verbeux & amateurs des digreſſions. Dans le moindre diſcours nous voulons appeller à nous toutes les vérités, au lieu d'appuyer ſur celle que nous nous propoſons de faire connoître. C'eſt comme nos Poëtes qui veulent toujours faire ramager les oiſeaux, murmurer les ruiſſeaux & gémir les échos.

Je vous parle d'autant plus volontiers ſur ce ton, que vous aimez la préciſion, & que vous ne tombez point dans le défaut que je reproche à mes compatriotes.

On est toujours foible, quand on est lâche. Si l'éloquence n'a du ressort, elle ne fait qu'une impression momentanée. C'est un bouquet qui plaît, & qui dès le soir même est fané.

Il faut de l'ame dans l'éloquence, & trop souvent on n'y met que de l'esprit. On croit être Poëte, & l'on est que Versificateur. On croit être Orateur, & l'on n'est que Rhéteur. La boussissure n'est pas moins opposée à l'éloquence, que la stérilité.

Nos Poésies modernes ressemblent à ces jardins factices où l'art a tout opéré, & où la nature n'est pour rien. Eh ! pourquoi faire des efforts pour aller chercher ce qui germeroit souvent sous la plume, si l'on n'avoit pas la manie de contraindre ses pensées ? Alors elles avortent plutôt qu'elles ne naissent, & c'est un fruit précoce qui se corrompt au lieu de mûrir.

Si je radote, mon cher Abbé, c'est que je suis absorbé par un travail qui ne me laisse souvent qu'un quart de moi-même. Les trois quarts s'en vont dans des dissertations, des examens & une lassitude qui souvent m'accable, & ne me laisse qu'une existence indécise. Quelquefois je me leve, & je retombe sur ma chaise, ne sachant ce que je vas devenir.

Alors je reprends mes sens & je sors pour me délasser, m'abandonnant au premier chemin qui se présente à ma vue, & conversant avec la premiere personne que je rencontre. Je fais comme les hirondelles qui rasent la terre, après avoir volé sur les toits.

Vous me seriez souvent d'un grand secours, si j'avois votre conversation. Il y a certainement beaucoup d'esprit & d'érudition parmi mes Confreres. Je leur dois tout ce que je sais; mais chacun a son emploi, & le temps dont ils peuvent disposer, dans une Ville comme Rome, où tout est occupation, ne leur est donné que goutte à goutte.

Faites mes complimens les plus affectueux au Prieur des Dominicains du grand Couvent : outre qu'il est d'un Ordre florissant qu'on estime, & qu'on chérit à proportion de ce qu'on aime l'Eglise, je lui suis sincérement attaché pour lui-même. Il a toute la candeur des Anciens, & tout l'esprit des Modernes. Il a dû recevoir le chocolat que je lui ai fait passer, & que j'aurois bien voulu prendre avec lui.

Vous jugerez d'après mes réflexions, que l'amour de ma patrie ne m'aveugle point sur les défauts de nos Ecrivains. Quoique fortement attaché à mon pays, je sais discerner ce qu'il y a de bon de ce qu'il a de mauvais Je pense de même à l'égard des Ordres Religieux, j'y loue ce qui est louable & n'approuve point ce qui est défectueux, persuadé qu'il n'y a ni famille ni société où tout soit

parfait,

parfait, & que la Communauté des esprits célestes est la seule où la vertu soit sans tache.

Je voudrois bien jouir de votre temps. Je converserois plus souvent avec nos Poëtes & avec nos Orateurs. J'aime ce qui promene l'imagination sans l'égarer, & ce qui diversifie les idées.

L'érudition a sans doute ses agrémens ; mais c'est un champ où il faut continuellement défricher : au lieu que les Belles-Lettres sont un parterre où l'on n'a que des fleurs à cueillir, ou à semer. Je voudrois qu'on fondît la Littérature de tous les pays, pour en faire des ouvrages analogues à l'esprit de toutes les nations. Chaque peuple y trouveroit des nuances assorties à sa vûe, & prendroit insensiblement le goût du bon & du beau ; mais il faudroit une main habile qui sût bien assortir les couleurs.

Le stile François modéreroit le stile Oriental : le stile Italien échaufferoit le stile Allemand, & ainsi du reste.

J'applaudis de tout mon cœur à l'éloge que vous faites de nos deux savans Minimes, les Peres le Seur & Jacquier. Il y a long-temps que je les estime, & que je les connois comme deux hommes rares, qui font époque dans notre siecle & qui l'illustrent : ils ajoutent infiniment à la gloire d'un Ordre qui a produit les Mercenne, les Maignan, les

Feuillette, les Plumier, les Niceron, les Mancini, &c. & qui n'eſt jamais ſorti des bornes de l'humilité Religieuſe.

Vous aurez-lu la derniere production de François Zanotti. S'il eût vécu du temps que la Fable étoit à la mode, on l'eût fait Secrétaire des Dieux, tant il écrit bien, & nous lirions ſon nom dans la Mythologie. J'aurois voulu l'entendre diſcourir avec le fameux Fontenelle. Tous deux Secrétaires de deux célebres Académies : tous deux pleins d'anecdotes, pleins de ſaillies, pleins d'amabilité, ils feroient briller avec le plus grand avantage l'eſprit Italien & l'eſprit François.

Quels charmes pour un Souverain puiſſant qui raſſembleroit tous les grands hommes de l'Europe, & qui ſe trouveroit au milieu d'eux, avec un génie propre (bien entendu) à les comprendre & à les goûter. C'eſt-là que ſi j'étois riche, je payerois bien volontiers, pour être aux premieres loges.

Prenez-vous-en à vous-même, ſi je donne l'eſſort à mon imagination. Comme vous en avez une des plus brillantes, j'ai oſé faire un effort, non pour vous égaler, mais au moins pour vous ſuivre.

Je vous quitte pour m'entretenir avec deux braves Militaires qui ont tout le mérite & tout l'honneur de leur profeſſion. Nous parlons guerre, & cela ne vous étonnera pas, pour peu que vous vouliez vous rappeller que c'eſt un Franciſcain qui inventa la poudre à canon. En diſcourant avec des hommes de tous états, on vient à bout de ſavoir un peu de tout : mais quand je vous lis, je reconnois que je ne ſais rien.

Le P. Capucin que vous avez vu, ne voyage pas comme un homme ordinaire. Ses yeux ſont des téleſcopes, & ſa tête un laboratoire où ſe filtrent les plus excellentes choſes. Le Pape lui-même le recommande à la Cour de Turin.

Je ſuis ſans interruption votre ſerviteur ; & encore plus votre admirateur,

Fr. L. Ganganelli du Couvent des Saints Apôtres.

LETTRE.

Au Comte Algarotti. (*traduite de l'Italien.*)

A Rome ce 7 Décembre 1756.

MONSIEUR LE COMTE,

L'OUVRAGE que vous m'avez fait passer, a rajeuni mon esprit, qui veillit depuis nombre d'années sous le poids des Compilations, des discussions, des dissertations, &c. Car cela ne finit point. Mais il faut vouloir ce que Dieu veut.

Vous aurez réjoui les ombres des nos anciens Ecrivains en renouvellant leur maniere d'écrire, & contristé ceux qui vivent actuellement par le chagrin qu'ils ont de ne pouvoir vous imiter. En cela vous prouvez que vous êtes courageux, puisque vous ne craignez pas de vous brouiller avec les vivans.

Les froids du Nord n'ont point rallenti la chaleur de votre génie : il eſt vrai que vous étiez en Pruſſe auprès d'un Monarque qui vivifie tous ceux qui l'approchent. L'Allemagne a le précieux avantage d'avoir des Souverains qui ſe connoiſſent en mérite, & qui ſavent le faire éclorre. Combien la Reine d'Hongrie n'a-t-elle pas répandu de lumiere & de vertus dans ſes Etats ! Je n'oublierai jamais que j'eus le bonheur de la voir, lorſqu'elle vint à Milan. Je régentois alors dans cette Ville, & pendant tout le temps qu'elle y fut, mon ame treſſaillit d'allégreſſe. La préſence des grands perſonnages fait la même impreſſion ſur moi, que le ſoleil ſur les plantes. Je rajeunis & je renais.

Si les Souverains qui nous gouvernent avoient le temps de connoître le mérite & de le récompenſer, il naîtroit parmi nous une foule d'excellens Ecrivains & d'excellens Artiſtes.

Rome a des eſprits pétillans, profonds, ſublimes, qui ne cherchent qu'à ſe produire, mais qui s'abſorbent, ou qui s'évaporent faute de moyens. Un Pape n'eſt qu'un rayon qui paſſe & qui ſouvent n'a pas aſſez de chaleur pour faire germer l'eſprit répandu dans ſes climats.

On diroit que les Michel-Ange, les Taſſe n'oſont renaître, dans la crainte de n'être pas récompenſés. D'ailleurs le ſiecle précédent nous a rendus pareſſeux. Nous avons cru qu'il n'y avoit rien de mieux à faire, qu'à cueillir tout ſimplement les fleurs & les fruits que le dix-ſeptieme ſiecle fit éclorre. Auſſi voyons-nous qu'entre les âges célebres, il y eut toujours des intervalles, & que le ſiecle d'Auguſte n'eut point de ſucceſſeur. Celui de Séneque ne fut qu'un bâtard, & encore ne parut-il que long-temps après.

Mais je vous dérobe à vous-même, en vous occupant de mes idées, qui valent mille fois moins que les vôtres. Je me dédommage du ſilence que j'ai gardé tout le jour. Perſonne ne cauſe plus volontiers que les Gens d'étude, quand ils ſont en train. On veut dire en une heure ce qu'on a étouffé pendant dix : mais quelque choſe qui arrive, je ne me tairai jamais quand il s'agira de vous aſſurer de l'affection ſincere, & de la haute eſtime avec leſquelles j'ai l'honneur d'être, Monſieur le Comte,

Votre très-humble & très-obéiſſant ſerviteur, Fr. L. Ganganelli du Couvent des Saints Apôtres.

Mes civilités, je vous prie, aux perſonnes qui ſe ſouviennent encore de moi. Je n'oublierai jamais que je dois à Bologne une partie de mes connoiſſances ſur la phiſique. Cette Ville eſt un foyer où tous les rayons du ſoleil viennent ſe réunir.

LETTRE

*Au Pere *** Théatin. (traduite de l'Italien.)*

A Rome ce 8 Mars 1758.

MON REVEREND PERE,

N'ALLEZ pas me demander ce que je vous écris. Je ſais tout ſimplement que je vous aime, que je charge ma plume de vous l'exprimer, qu'elle s'en acquitte tant bien que mal, & que j'ai la tête ſi épuiſée par un long & pénible travail, que je ne puis plus mettre aucune ſuite dans mes penſées. A peine me reſte-t-il aſſez de force pour me rappeller que j'exiſte. Je ne reviens à moi-même qu'en penſant à l'attachement avec lequel je ferai toute ma vie votre ſerviteur & votre ami,

F. L. Ganganelli du Couvent
des Saints Apôtres.

Faites mes complimens al *Signor Avocato.* Je lui répondrai au premier jour, mais d'un ſtile bien inférieur au ſien. La Magiſtrature depuis Cicéron eſt en poſſeſſion d'avoir les hommes les plus énergiques & les plus éloquens.

LETTRE

Au Cardinal Passionei, qui étoit alors à Frescati. (traduite de l'Italien.)

A Rome ce 10 Octobre 1758.

EMINENTISSIME,

JE ne puis envoyer à votre Eminence que lundi prochain la solution qu'elle me demande, & encore faudra-t-il m'armer de courage pour oser l'entreprendre. Le moindre coup d'œil que vous jetterez sur mon travail, brûlera le papier & réduira l'ouvrage à rien. Les regards d'un Savant qui, comme votre Eminence, approfondit tout, a tout lu & n'a rien oublié, consument dans un instant des petits êtres tels que moi. Quoiqu'il en soit, Monseigneur, je suivrai vos ordres, aimant beaucoup mieux passer à vos yeux pour ignorant, que pour désobéissant.

Votre Eminence me fait trop d'honneur

en m'invitant à aller voir ſon délicieux Hermitage, d'autant mieux que n'y va pas qui veut, & que chacun déſire cette félicité : les affaires m'enchaînent.

Je baiſe les mains de votre Eminence & ſuis avec le plus profond reſpect, &c.

Fr. L. Ganganelli du Couvent des Saints Apôtres.

LETTRE

Du Cardinal Ganganelli au R. P. Pourret alors Gardien d'Annonay, & actuellement du grand Couvent des Cordeliers de Paris. (traduite du Latin.)

A Rome ce 8 des Calendes de Décembre.

MON REVEREND PERE,

J'AI différé jusqu'à ce jour de vous répondre parce que plusieurs affaires m'ont occupé, & parce que j'ai voulu vous écrire de ma propre main. Maintenant que je suis un peu plus à moi, je vous rend d'amples actions de graces, pour les sentimens de joie & d'affection que vous avez bien voulu faire éclater au sujet de ma promotion au Cardinalat. Vous pouvez compter sur toute ma bonne volonté à vous témoigner ma reconnoissance dans toutes les occasions, & c'est en vous en assurant dans toute la sincérité de mon cœur, que je me recommande à vos prieres, & que je ſuis votre obéiſſant & affectionné,

Fr. L. Card. Ganganelli.

P. S. Quant à ce qui regarde votre Maiſon, je penſe qu'il faut recommander cette affaire au Cardinal Colonna di Sciarra, Protecteur de notre Ordre, & de la nation Françoiſe : mais ſoyez convaincu que je ſerai toujours prêt à m'employer pour vous-même & pour vos affaires. Adieu, & encore une fois adieu.

LETTRE

Qu'il m'écrivit de Rome en date du 12 Juillet 1764. (traduite de l'Italien.)

JE vous remercie bien ſincérement, Monſieur, du gracieux préſent que vous m'avez fait en m'envoyant l'*Eloge hiſtorique de Benoît XIV*. Il eſt éloquent & vrai comme Lambertini, digne de vous & de lui, & très-propre, quoique trop abrégé, à inſpirer la plus haute eſtime pour la mémoire d'un auſſi grand Pontife. Je me félicite de vous avoir engagé à nous donner cet Ouvrage.

On m'a procuré vos *Caracteres de l'Amitié*, traduits par l'Abbé Merlini. Plus je vous lis, plus je trouve dans vos penſées un génie Italien, qui indique votre origine. Je vous exhorte à ne point interrompre vos travaux Littéraires. Par-là vous donnez un nouveau luſtre à votre nom, quoique déja ſi recommandable, & ſi connu, & vous vous attirez l'eſtime de tous ceux qui honorent la vertu.

Si vous revenez en Italie, je ſerai bien charmé de vous y revoir. Au cas que vous n'eussiez pas la commodité de me faire parvenir l'Ouvrage dont vous me parlez, je prierai le Cardinal Caraccioli, puisqu'il l'a déja, de vouloir bien me le prêter.

Si l'Abbé Grégori vous écrit, il vous dira que je le vois quelquefois, & que nous parlons de vos ouvrages avec plaisir.

On ne peut rien ajouter aux sentimens avec lesquels je desire vous prouver combien je suis sincérement, Monsieur, votre affectionné serviteur.

Fr. L. Card. Ganganelli.

LES Lettres secrettes que le S. Pere écrivit aux Souverains ne m'étant point connues, & celles qui concernent les mémorables événemens de son Pontificat se trouvant consignées dans les papiers publics, je me borne à rapporter le Bref qui suit, comme une piece suffisante pour manifester la piété, le zele & la charité de Clément XIV.

On y voit un Pape qui parle en pere, qui exhorte au lieu de commander, qui prie au lieu d'ordonner, & qui prouve d'une maniere admirable, combien il avoit à cœur & le bien de l'Eglise & l'œuvre des Missions.

CLEMENT XIV.

A notre cher Fils George Alari Salut & Bénédiction Apostolique.

ON nous a informés, notre très-cher Fils, qu'en revenant au Séminaire de Paris, vous vous étiez retiré au Monastere de la Trappe, & que vous y aviez déja embrassé la vie Cénobitique. Comme cela nous apprend que votre esprit est entiérement dégagé des affections terrestres, & qu'il ne souhaite plus que les choses du Ciel; c'est une raison pour nous, à qui le salut des ames est confié, de désirer encore plus ardemment que vous veniez rejoindre les Directeurs du Séminaire, qui ont besoin & de vos bons exemples & de votre secours.

Vous comprenez parfaitement, notre très-cher Fils, qu'ils vous attendoient avec la plus vive ardeur, & que, pour l'utilité des Missions, ils espéroient tirer le plus grand fruit de vos conseils. Ils gémissent de voir que leur espérance est vaine, & nous sommes vivement touchés du desir qu'ils ont de vous avoir, & de la perte qu'ils font en ne vous ayant pas.

C'eſt pourquoi nous avons réſolu de vous adreſſer cette lettre, dans ce temps où vous n'avez point encore fait votre profeſſion, pour vous conjurer inſtamment de revenir à votre premier état, de vous ſanctifier dans la route que vous aviez priſe, qui, en vous fourniſſant les moyens d'être utile à votre prochain, ne peut que vous être très-utile à vous-même. Nous ne doutons pas que ce retour ne ſoit très-agréable à Dieu, qu'il ne vous rappelle lui-même dans le premier poſte où il vous avoit placé, & qu'il ne veuille que vous conſacriez votre piété, votre zele & vos talens à lui gagner des ames. Prenez donc courage, & rappellez-vous, notre cher Fils, qu'il faut perſévérer dans la ferme réſolution de travailler au bien des Miſſions, comme vous avez fait juſqu'ici d'une maniere auſſi louable qu'édifiante.

Penſez qu'il n'y a rien de plus propre que les fonctions Apoſtoliques, pour obtenir de Dieu une couronne de gloire, & rien qui enflamme plus l'ame du divin amour.

Nous deſirons, notre très-cher Fils, que vous receviez cette exhortation, comme venant de celui qui exerce le Miniſtere de Jeſus-Chriſt ſur la terre, & à qui l'on doit obéir, puiſque le ſoin de paître le troupeau du Seigneur lui a été confié. Nous avons une ferme eſpérance que vous ſerez touché de notre zele & de notre affection pour vous, & que vous reviendrez au plutôt au Séminaire. Par-là vous mériterez de plus en plus notre bienveillance paternelle : recevez notre Bénédiction comme en étant le gage. Nous vous l'envoyons, notre cher Fils, de toute la plénitude de notre cœur. A Rome, près Sainte-Marie-Majeure, ſous l'Anneau du Pêcheur, le 22 Décembre 1773.

Par notre Très-Saint Pere le Pape Clément XIV.

Benoît Stay.

Une lettre auſſi affectueuſe & auſſi impoſante ne pouvoit manquer d'avoir ſon effet ; M. Alari, dont j'ai déja parlé dans le cours de cet Ouvrage, crut avec raiſon entendre la voix de Dieu, & il quitta la ſolitude, pour revenir au milieu de ſes illuſtres Confreres reprendre ſes laborieuſes & vénérables fonctions.

L'EXTRAIT ci-joint m'étant parvenu trop tard pour l'insérer dans le corps de l'Ouvrage, & méritant l'attention du Lecteur, j'ai cru devoir l'employer à terminer la Vie du Saint Pere.

Extrait d'une Lettre de Rome en date du 18 *janvier* 1774.

La famille Ganganelli noble & Patricienne de S. Angelo in vado paroît remonter à l'an 1566.

L'Ayeul du feu Pape quitta S. Angelo & vint demeurer à Saint Arcangelo, Diocèse de Rimini. Le Pape eut trois sœurs, l'une mariée à Pesaro avec un Gentilhomme nommé Tebaldi, l'autre avec M. Fabri de Verruchio, & la troisieme qui vit encore, est Religieuse à Fossombrone.

Le Pape étoit tout jeune lorsqu'il perdit son pere, & il ne se fit Religieux qu'après avoir obtenu le consentement de sa mere avec beaucoup de difficulté.

Il eut l'avantage d'avoir à Rome pour Directeur le P. Ange Sandreani, pour Professeur le P. Antoine Lucci, & à Bologne pour Disciple le P. Marc Giannechini, tous trois morts en odeur de sainteté, & dont on doit instruire la cause à dessein de les béatifier.

Leurs bons exemples firent sur le P. Ganganelli une telle impression ; qu'il se les proposa pour modeles dans tout ce qu'il entreprit.

Son directeur lui pronostica en quelque sorte sa future élévation, en le retenant à Rome lorsqu'il en vouloit sortir, & en lui disant que *Dieu avoit des grands desseins sur sa personne.*

Benoît XIV, (Lambertini) mettant un jour la main sur la tête du Pere Ganganelli, dit au Général des Mineurs Conventuels, dits Cordeliers : tenez grand compte de ce petit Frere. Je vous le recommande fortement. *Fate conto di queso Fratellucio. Vi lo raccommano fortemente.*

Etant Procureur-Général des Missions il fit transporter à Rome le Collége que son Ordre avoit à Assise, pour former les Religieux aux Missions étrangeres.

Il avoit une grande délicatesse de conscience. Il se confessoit fréquemment, il disoit la Messe presque tous les jours, & il a perseveré dans cet usage, presque jusqu'au moment de sa mort.

Il prioit souvent & avec la plus grande ferveur ; mais ses prieres étoient courtes, conformément à ce que nous prescrit le divin Législateur, en nous recommandant de ne pas prier comme les Payens, qui s'imaginent qu'à force de parler ils seront exaucés. Lorsqu'il fut nommé Cardinal, il eut le titre de

Saint

Saint Laurent, *in pane, è perna*, & ensuite celui *di santi Apostoli*. Il continua de vivre en Religieux, & d'habiter le même Couvent où il demeuroit depuis long-temps.

Il étoit d'un caractere enjoué, disant souvent de bons mots, mais ne blessant jamais personne. *Je ne suis point surpris*, disoit-il un jour, *que M. le Cardinal de Bernis ait beaucoup desiré de me voir Pape. Ceux qui cultivent la Poésie, aiment les métamorphoses.*

Il craignoit de faire trop pour ses amis, & il avoit toujours peur de n'avoir pas fait assez pour ses ennemis. C'étoit un titre pour avoir part à ses bonnes graces, que de l'avoir désobligé, ou de lui avoir manqué.

Il eut tellement horreur du Népotisme qu'il ne voulut jamais permettre à son Neveu qui étudioit la Jurisprudence, de venir lui baiser les pieds, & qu'il ne fut pas possible de le faire consentir à envoyer quelques petits présens à ses nieces, & à sa sœur: *Non*, dit-il à un Chanoine de Fossombrone & au Pere Buontempi, qui l'engageoient à leur donner cette consolation: *Quand on m'aura demandé des bagatelles, on me demandera des choses plus importantes, & insensiblement je prendrai l'habitude de ne pouvoir refuser.*

Il fut toujours extrêmement laborieux, & c'étoit pour s'entretenir dans l'amour du travail, qu'il jouoit de temps en temps à la boule, au billard, & qu'il se promenoit au moins une heure chaquè jour.

Il n'étoit ni l'ennemi des Jésuites, ni leur partisan. Il y avoit des choses qu'il approuvoit parmi eux, & d'autres qu'il désaprouvoit. En 1743, il fit soutenir une Thèse dédiée à Saint Ignace de Loyola, par le Pere Martinelli, & il dit à cette occasion des choses flatteuses pour les Jésuites. Il étoit lié avec le Pere Timone qui fut Vicaire-Général avant l'élection du Pere Ricci, & qui auroit occupé sa place, s'il n'eût pas pensé que la Compagnie ne pouvoit se soutenir, qu'en changeant de systême, & en subissant une réforme.

C'étoit l'opinion du Cardinal Ganganelli, qui auroit beaucoup mieux aimé voir les Jésuites réformés, qu'anéantis.

Lorsqu'il eut signé le fameux Bref d'extinction, il dit, étant appuyé sur son bureau : *Ecco la dunque fatta questa suppressione.* La voilà donc faite cette suppression : *Non me repento.* Je ne m'en repens pas. *Non mi son determinato che dopo aver tutto esaminato, è ponderato.* Je ne m'y suis déterminé qu'après avoir tout examiné, & tout pesé ; *e perche l'ho judicata utile, e necessaria per il bene della chiesa ;* & parce que je l'ai jugée utile & nécessaire pour le bien de l'Eglise : *Ho creduto dovere far la*, j'ai cru devoir la faire, *e la farei ancora, se non fosse fatta ;* & je la ferois encore si elle n'étoit pas faite,

Ma questa suppressione mi dara la morte, mais cette suppression me donnera la mort.

Lorsqu'on l'engagea à faire un Testament, il se contenta de répondre, les choses iront à qui elles appartiennent : *La roba andera à qui toccherà.* Sa succession est modique & annonce moins un Pape qu'un Religieux.

On peut compter sur ces faits comme m'ayant été adressés par un homme en place, ami du feu Pape, témoin de la plupart des choses qu'il écrit, & qui n'a d'autre intérêt que l'amour de la vérité.

Si quelqu'un trouve que cette Vie tient plus de l'Eloge que de l'Histoire, qu'il s'en prenne à Clément XIV, & non à l'Historien. Eh ! pourquoi Ganganelli fut-il un si grand homme !

FIN.

www.ingramcontent.com/pod-product-compliance
Ingram Content Group UK Ltd.
Pitfield, Milton Keynes, MK11 3LW, UK
UKHW031046260726
13965UKWH00006B/671